U0087653

冀劍制 ——— 著

哲學概論

Introduction to Philosophy

國家圖書館出版品預行編目資料

哲學概論／冀劍制著.－－二版三刷.－－臺北市：三
民，2023
面；　公分.－－（哲學）

ISBN 978-957-14-6585-2 （平裝）
1. 哲學

100   108001626

👓 哲學

哲學概論

作　　者	冀劍制
發 行 人	劉振強
出 版 者	三民書局股份有限公司
地　　址	臺北市復興北路 386 號 (復北門市)
	臺北市重慶南路一段 61 號 (重南門市)
電　　話	(02)25006600
網　　址	三民網路書店 https://www.sanmin.com.tw
出版日期	初版一刷 2015 年 5 月
	二版一刷 2019 年 3 月
	二版三刷 2023 年 9 月
書籍編號	S141210
Ｉ Ｓ Ｂ Ｎ	978-957-14-6585-2

三民書局

再版序

近年來，臺灣掀起一股哲學風潮，就算還沒讀哲學的人，也開始會注意、探聽。於是，我常被問到一個問題：「讀哲學有什麼好處？」

好處確實很多，大致可以區分成「學習哲學理論的好處」以及「學習哲學思考方法的好處」。但問題在於，不是每個「讀哲學的人」都能獲得這些好處。還要看你怎麼讀，以及為何讀。

通常，一個人開始讀哲學，並不是由於「讀哲學有什麼好處」，而是單純對哲學感興趣。但是，對大多數人來說，哲學理論乍看之下滿無聊的，為何會對這些東西感興趣呢？

如果一個人平時遇到日常生活問題，習慣深度思考，就會對哲學感興趣。舉例來說，當我們聽到「讓座」所引發的爭端事件後，除了訴諸價值觀去評價之外，如果試著思考：「為何要讓座？」就開始了一個深度思考。答案或許是：「我們需要體諒弱勢族群。」如果真是如此，那麼，排隊時，是不是也要禮讓弱勢插隊呢？如果不需要，那兩者有何差異？要不斷解答這些深度反思的提問，就容易深入到一些更基礎的問題，例如：「何謂善？」「人為何要行善？」當我們的思路進入這個階段，就自然走進了哲學領域。

　　如果曾經有過這些思考,在閱讀哲學理論時,當看到哲學家們提出各種解答,就會有一種思路貫通的快感,可以從許多不同角度,深入分析各種現象,擴展我們的視野。這種好處,是學習哲學理論帶來的。但想獲得這種好處,必須自己先深度思考,才能將哲學理論導引進自己的思維河渠。

　　由於哲學主要在思索沒有標準答案的問題。不同的理論,都有不同的合理性,比較這些合理性,找出最好的理論,是哲學思考的特色。如果依據這樣的方式讀哲學,將能學會如何評估合理性的不同程度,提昇論理能力。這個能力,可以協助我們在日常生活中,經常性的找到最佳抉擇。在人生中,要找到比這更有價值的能力,恐怕不多。

　　所以,學習哲學,除了自己必須進行思考,也要培養分析各種理論合理性程度的能力,才能真正獲得哲學的好處。

　　這本書就是依據這個想法而寫的。第一是盡可能的接地氣,讓學子們感興趣,願意思考,並且在每章前後都提出一些相關問題,期待以思考學哲學。第二則是在介紹理論時討論它們的各種支持理由與可能的缺點,而不只是介紹理論內容。希望藉由不同理論的優缺點討論,學習論理能力。

　　在這本書出版幾年後,很高興接到出版社即將再版的通知。這或許代表這個有別於傳統哲學概論的書寫方式,受到許多老師們的肯定。也期待它能夠繼續發揮影響力,引導更多想踏進哲學領域的

學子，掌握哲學思考的精髓，進而在其專業領域添加哲學的助力，帶領整體社會邁向更哲學化的未來世界。

冀 劍 制

2019 年於華梵大學文學院薈萃樓

自　序

　　自從學了哲學，形形色色的思維從四面八方大量湧入我的世界，經過一段時間的思想衝擊、沈澱與成長，讓我在人生的黑暗迷途中，多了一盞燈；在人與人溝通的隔閡中，多了一副透視的雙眼；在困境中，多了一份冷靜的理性思維。

　　在親自品嚐了這場智慧的饗宴，期待與人分享。希望能寫出一本入門書，帶領人們經歷這趟奇妙旅程。但事實上，我不曾想過寫一本教科書，而我現在卻正在為一本教科書撰寫自序。

　　寫一篇序，我喜歡交代書的誕生過程。雖然對讀者來說，這大概是最不重要的一件事，所以其實很少人有興趣讀序。但對作者來說，這卻是一件很想與人分享的經驗。整本書的內文已經是為了讀者而寫，這篇序，就讓它是為了滿足作者而存在吧！

　　當三民書局編輯部與我討論寫一本哲學教科書的可能性時，我表示我一直想寫一本入門書，也可以把這本入門書盡量變成教科書的樣子。所以，一個簽了約的合作案就這樣成立了。但是，當我寫完初稿，從編輯部來的修改意見卻讓我發現我們之間對這本「教科書」的預期存在著很大的落差，我的寫作方向其實是以自學為主，偏向休閒讀物，雖然勉強也可以用來當教材，但編輯部要的卻完全

是以教學為主的教科書。

　　我不願意將原本的內容扭轉成另一種樣子，一來是因為我很喜歡原本的寫法，二來是書裡有著太多個人詮釋，即使在結構上改得更像是教科書，對於不贊同我的觀點的老師來說，不太可能會用作上課教材，那也就失去修改的意義了。

　　但是已經簽了合約，該怎麼辦呢？我的選擇是「接受命運的安排」。雖然從來沒想過寫一本教科書，但既然走到這個田地，就好好想一下如何寫一本好的哲學教材吧！所以，我選擇：「重寫」。

　　也就是說，完成了這一本，等於完成了兩本幾乎完全不同的哲學入門書，另一本或許會在未來某個時刻問世，但當然不會是以教科書的方式出現。

　　原本之所以沒想過寫一本哲學教科書，主要是因為我認為市面上已經很多了，而且寫得還算不錯。就算我可以寫的更好，也不會有太大的差別，所以，我想不出做這件事的價值何在。

　　然而，市面上這些教科書的內容與編排，主要是針對哲學系學生。所以，我選擇鎖定不同的對象來寫，以大學通識課與高中生為主要假想讀者。

　　大學哲學系在學哲學概論時，通常需要大致瞭解哲學上的各種重要理論。但是，許多重要理論太深奧也太複雜，即使很努力閱讀，一時之間也不容易發現其價值所在，所以，許多哲學系學生常常會有一種疑惑，「讀這些奇怪的理論有何意義呢？」在經歷過更豐富的

哲學教育之後，才會逐漸發現那些重要理論的價值所在。

然而，大學通識課程與高中就不適合用這樣的方式來教哲學了。因為目的並不是在訓練哲學專業，而是希望透過對哲學的簡單接觸，就能盡量吸收養分，轉換成生活的智慧。那麼，至少在內容的選擇上，考量完全不同。

本書題材的選擇，只要是不難理解的，或是原本就能引人深思的，就盡量保留哲學上重要的理論。其他的選擇則是針對實用性、符合時代潮流以及讓有趣的哲學議題來吸引學生興趣。像是女性主義的討論、新時代運動的思想、柏拉圖的愛情觀、算命哲學、愛情哲學等等，這些大多不會出現在傳統哲學概論的教科書裡，但是，這些相關問題的討論卻十分有趣、實用、以及符合時代潮流。

然而，寫完之後卻發現，其實大學哲學系又何嘗不能以這樣的方式來教呢？先讓哲學生活化、實用性以及趣味性的部分來吸引哲學系大一學生的興趣，讓他們在未來學習的過程中，更能讓內心求知的渴望，作為探尋哲學理論的動力，這樣不是也挺好的。所以，我認為這本書也值得在哲學系試試看。或許會有意想不到的收穫。

本書的另一項重要特點是以小單篇的方式在寫，共十八篇，每個單篇一個主題，而且較不偏重於任何特定主題。不像傳統概論書偏重於倫理學、知識論與形上學。並且在每一篇的前面與最後放一些與此篇相關且值得討論的問題。哲學很重要的部分在於訓練思考能力，先思考再談理論，以及談完理論後繼續思考，這樣的學習方

式較能掌握哲學思想的精髓。

　　我個人認為課程最理想的編排方式是每週一個單篇，無論是否講完，隔週換一個新主題，這樣課程可以一直保有新鮮感。當然，如果某些主題學生討論的很感興趣，延續個兩、三週，老師自行補充適當的教材，這樣更好。其他篇章就跳過去也無妨。尤其其中某些主題偏難，像是知識論、心靈哲學、科學哲學，授課老師請依學生需求自行刪減或增添其他主題。

　　其實無論是大學通識課、或是高中選修課，除去考試時間，大多不會上到十八堂課，我建議授課老師自行略過自己比較沒興趣的主題，或是自行擴充感興趣的篇章。當授課老師對該主題感興趣時，上課的感染效果也會相對較好。

　　總之，希望這個課程能讓同學在學習的過程中，發現哲學思考的樂趣與應用價值，不拘泥於任何非學不可的理論與學派，每個人都能依照自己的思路，汲取智慧的活水，注入生活的世界，讓生命更自在、愉悅、有價值，並且有意義。

冀　劍　制

2015 年於石碇大崙山上

哲學概論

目 次

第一課

哲學導論

「哲學」這個詞的英文是 Philosophy，源頭可追溯至古希臘，由 Philo（愛）與 Sophia（智慧）兩個字所組成，所以，哲學也被稱之為「愛智之學」。所謂的「愛智」，簡單的說就是「對萬事萬物有著好奇心，並且去探索它們」。因此，自古就有一個說法，「哲學起源於好奇心」(Philosophy begins with wonder)。

在兩千六百多年前，當時人們對世界各種事物瞭解的科學尚未萌芽，對世界上的一切都很陌生。有一群人活著不僅僅為求滿足各種生理慾望，更進一步的想去瞭解這個世界。因而發展出最初的哲學思想。

有西方哲學之父稱號的泰利斯 (Thales of Miletus, 624 B.C.–546 B.C.) 對萬事萬物的組成與運作感到好奇，於是他用最基本的工具——思考，探索世界的本質。在他的觀察與推理中，他主張：「水是一切的本源。」

然而，他的弟子亞納芝曼德 (Anaximander, 610 B.C.–546 B.C.) 卻認為，水的型態其實是有限定的，真正能夠組成萬物本源的，應該是一種沒有限定的事物，但他並沒有提出這是什麼，所以單純稱

其為「無限者」(Apeiron; The Unlimited Primordial Matter)。亞納芝曼德的弟子亞納芝曼尼斯 (Anaximenes, 585 B.C.–528 B.C.) 則進一步主張，這個無限者應該就是「氣」。

最後，德莫克利特斯 (Democritus, 460 B.C.–370 B.C.) 主張，萬物本源應該是小到肉眼無法看見的東西，所以，任何看得見的東西都不是，因此，他認為：「無法再分割的原子才能構成一切。」就在這種一步一步修正前人觀點，應用理智思考，尋找與建構更合理的理論中，哲學逐漸萌芽。在繼續討論之前，讓我們先思考幾個問題：

1. 是否曾經聽過或學過任何哲學理論？請提出分享。
2. 從過去的印象中，你認為東方哲學（像是孔子 (551 B.C.–479 B.C.)、老莊、韓非子 (280 B.C.–233 B.C.) 等思想）的起源和西方是否有所不同？
3. 你認為哲學是什麼？
4. 對於非哲學系學生來說，讀哲學有什麼好處？
5. 哲學和科學、宗教，有何不同？

一、東西方哲學傳統的差異

在這個以西方文化為主導的時代裡，當我們談論哲學這個詞彙

時，主要談的是西方哲學傳統，而且，哲學這個詞彙本來就是從西方的詞彙翻譯過來的。雖然中國傳統上並沒有人使用過「哲學」這個詞，但是，中國傳統的確有些思想類似西方的哲學思想。

在臺灣，許多人對東方哲學像是孔孟儒家 (Confucianism) 的修身齊家、老莊道家 (Taoism) 的悠然自在、或是佛學的看破紅塵有些認識，而直接把「哲學」這個詞彙關聯於這些思想，所以有人直覺會認為哲學家應該有高尚的美德（一般對儒家的印象）、或認為哲學家看起來應該與眾不同或是行為怪異（一般對道家的印象）、或認為哲學家應該擺脫塵世的糾葛（一般對佛門子弟的印象）。用這樣的觀點來看以中國哲學為實踐準則的哲學家來說，或許沒什麼大問題，但是，西方哲學傳統有很多和東方哲學傳統很不一樣的地方，用這樣的印象來看西方哲學會造成很大的誤解。

東方哲學較為重視個人的體悟，所以，我們對古聖先賢保持一種遵從的敬意，如果我們的想法和古聖先賢不同，那一定是我們沒有體悟到他們思想的精髓。經由這樣的態度，我們追求對古人大智大慧的理解。但西方的態度很不一樣，主要是以理智推理為主，所以，他們會去思考前人理論不足之處，然後加以批評、修正，進而提出更好的理論。這是基於不同的方法產生出來的不同態度。各有其優缺點。東方哲學容易太過信賴古人而看不見古人的缺點；而西方傳統方法則容易造成對古人的誤解，導致各說各話的結果。所以，當我們閱讀與思考東、西方哲學時，需特別注意其方法上可能導致

的誤解。

二、哲學與其他學科的差異

哲學與其他學科的主要差異不在於探討的問題，而在於探討的方法。例如，關於靈魂是否存在的問題可以是宗教的問題，哲學的問題，或甚至是科學的問題。

以宗教的問題來說，佛教 (Buddhism) 主張人有靈魂，當人死後靈魂可能下地獄或前往西方極樂世界 (Elysium)；而基督教 (Christian) 則主張人的心靈是由上帝的一口氣開始的，至於這算不算是靈魂就很難說了，至少，基督教經典裡並不明確主張那種可以脫離肉體而繼續存在的靈魂，雖然也強調永生，但永生者是復活後的一個肉體（就像耶穌基督 (Jesus Christ) 一樣），而非靈魂。❶

在宗教的層面上，當談論問題時，主要依靠的是神佛的權威，透過神佛或神佛的代言人，他們所宣稱的都被信徒認為是對的，必須要相信的，因為神佛是不會錯的。如果你相信這個宗教，則你認

---

❶ 這個問題在基督教裡也是有爭議的，某些教派認為人死後將以靈魂方式活在天堂。但一般認為這種「靈魂可以脫離肉體而單獨存在的」靈魂觀是在中世紀時期，混和了柏拉圖 (Plato, 427 B.C.–347 B.C.) 的靈魂觀點才形成的，並不適用於解讀《聖經》(*Bible*) 原典。

為那些宣稱是事實；如果你不相信，則那些宣稱對你來說沒任何意義。

　　基本上，宗教的論述不一定需要在理智上有說服力，或是有實驗證據來支持。即使有，也大都是一些理論與實證上較弱的說詞。否則就不叫宗教而是哲學或是科學了。所以，如果一個人被宗教所「說服」，那麼，這個人的批判性思考的懷疑精神應該是較為薄弱的。

　　然而，有些與宗教相關的論述其實有某種程度的說服力，這時，它就不再僅僅是個宗教，而接近哲學或甚至是科學的層次了。所以，有些人的信仰並不單單在宗教層次，而在宗教與哲學的混合層次上。在宗教層次上的說法，只要不要互相矛盾，就沒什麼好爭議的，甚至互相矛盾也不見得就有什麼大麻煩，信者恆信。但如果信仰者自認為其信仰包括有哲學層次上的部分，則此部分需要受哲學分析的檢驗。

　　與宗教息息相關，而且與哲學較接近的理論，在基督教有所謂的神學，而在佛教則有所謂的佛學。神學或是佛學企圖建構一套理論基礎來支持某些主張。例如，在哲學上有著名的「神存在問題」，許多神學哲學家企圖提出一些論證來證明神的確是存在的。

　　宗教與哲學的界限並不明顯，其差別在於對某一主張的論證支持度到什麼程度。沒有論證支持的宣告一定是宗教，而有很強論證支持的則是哲學。其中間地帶有著模糊的界限。這個界限並不需要

去嚴格劃分，因為即使是哲學也不見得就是對的，而即使是宗教也可能是對的。雖然，從理智的層面來看，哲學理論正確的可能性或許比較高，但這個宗教與哲學的區別主要用來判斷某個說法是否有被討論或懷疑的空間而已。

面對宗教，人們的選擇是信與不信；面對哲學，則可以去討論其是否在理論上能夠成立。所以，當我們跟人討論宗教論述時，先搞清楚對方是把那些說法當宗教在信，還是當哲學在信。如果是當宗教在信，那麼，我們就無須跟對方討論是否那些說法成立，但或許可以跟他討論信那些東西好不好。

例如，如果有某宗教鼓勵人天天睡，無時無刻的睡，這樣就可以在死後上天堂，睡得愈多就愈容易上天堂。有些人宣稱自己信睡教，當然這是玩笑話，信睡教的人只是喜歡賴床，並不是真的想盡辦法的多睡。假設真的有這種鼓勵多睡覺的宗教，那麼，我們可以告訴相信這個宗教的朋友說，這樣的宗教對身體健康不好，對整個人生的發展有許多的壞處，所以，最好還是不要信。

這樣的意見並不是企圖說服他這個宗教是錯的，而是告訴他，相信這個宗教有許多壞處。但是，在進天堂為最主要考慮的情況下，這種意見就變得不重要了。如果真的能上天堂，那損失了成功的人生，以及健康的身體，又有什麼關係呢？我們如果要企圖論證睡教的主張是錯的，那麼，我們得先確認，這位朋友對睡教的信仰是哲學層次的信仰，而不是宗教層次的信仰。但這怎麼區別呢？

如果，他相信睡教是有理論基礎的，因為他被某些理由或論證說服而相信睡教，那麼，我們就可以針對那些理由或論證來跟他討論。如果他的信仰純粹是宗教層次，也就是他透過直覺或其他非理性的因素相信該宗教，那麼，理性上的討論對他來說，就沒有什麼意義了。

而哲學和科學的區別主要在於，科學有實驗或理論計算的證據，而哲學通常只是依靠推理。當某些理論還無法被實驗證實時，這些問題的討論通常也只能在哲學的層次打轉。例如，當今很熱門的關於「意識是什麼」的問題，就共同在哲學界與科學界引起廣大的討論。哲學家們討論問題時，不能完全不管科學理論的發展，而科學家們在探討那些還無法被實驗證實的問題時，用的也多是哲學的思考方法。一旦某一類問題能夠完全或大部分被科學方法所研究，那麼，它就不再是哲學的專門領域而自成一個學科了。例如，心理學、語言學以及天文學等等，過去只能用哲學方法來研究，當我們開始能夠用科學方法來探討時，它們就脫離了哲學的範圍而轉變成一門科學了。

三、哲學是什麼？

要瞭解哲學是什麼的一個好方法，是去捕捉在我們日常生活中，當我們正確的使用哲學這個詞彙時，我們企圖表達了些什麼？事實

上，這個詞彙的使用可以從幾個不同的面向來看。例如，如果我們說：「嗯！小美很有哲學家 (Philosopher) 的樣子。」這句話是在說什麼呢？我們可能在說，小美具備很多哲學知識，例如，她開口閉口都是蘇格拉底 (Socrates, 470 B.C.–399 B.C.) 和柏拉圖 (Plato, 427 B.C.–347 B.C.)。或者，我們可能在說小美的思考方式很哲學，例如，她總是將問題分析得很透徹。也有可能是說，小美對哲學問題很有興趣，因為，她常常談論人生的問題。當然還有其他可能性，例如，小美總是一副很莫測高深的樣子。但是，前面幾點是比較重要的，也就是說，當我們使用哲學這個詞彙時，我們可能談論「哲學知識」、「哲學問題」、也可能是「哲學思考」。若能知道這幾點，我們自然就知道，在日常生活中當我們使用哲學這個詞的時候，我們在說什麼了。

這幾點事實上是在談論不一樣的東西，一個具備哲學思考的人並不一定具備很多哲學知識，例如，蘇格拉底很能做哲學思考，但是，在他那個時代，根本沒有多少哲學知識可以學習。另外，一個對哲學問題很有興趣的人，並不一定擅長於哲學式的思考方式，很多人對人生的意義感興趣，也常常思考人生的問題，人生的問題當然算是哲學問題，不過，大多思考人生問題的人不知道如何做哲學思考。相同的，具備很多哲學知識的人不見得對哲學問題感興趣。有些哲學系學生，因為某些與哲學無關的因素進了哲學系，當轉系不成只能一步一步走下去的時候，為了考試畢業讀了許多哲學理論，

但可能一點都不感興趣。

　　所以，當我們問哲學是什麼時，我們可以把這些問題區分開來一個一個討論，每一個部分都對瞭解哲學是什麼有幫助，當我們瞭解這所有部分時，我們就自然掌握哲學是什麼了。也就是說，要瞭解哲學是什麼的方法是去瞭解什麼是哲學問題、哲學思考、以及哲學知識。本課先介紹主要的哲學問題，後面再陸續介紹各種哲學理論與其思考方法。

四、哲學問題

　　哲學可以討論的範圍很廣，幾乎沒有什麼問題是哲學插不上手的，像是針對法律有法律哲學、針對政治有政治哲學，以及藝術哲學、科學哲學、心理學哲學、物理學哲學等等，但在哲學界中最常被討論的則可區分成三大類：倫理學 (Ethics)、形上學 (Metaphysics)、與知識論 (Epistemology)。

1.倫理學問題

　　倫理學也稱為道德哲學，相對於英文的 Ethics 或 Moral Philosophy，其所問的問題是與道德相關的，所謂「道德」通常指的是我們日常生活中的行為規範，例如，「不可以偷東西」，或說「偷東西是不應該有的行為」；或者說「學生不應該作弊」；有時這些規

範不僅僅包括表現出來的行為，甚至連某些想法都被認為是不道德，例如，「不應該有佔別人便宜的念頭」等等。關於這些行為規範所衍生的問題，統稱為道德問題。

倫理學最常問的道德問題或許是：「道德的基礎是什麼？」也就是說，當我們說「學生不應該作弊」時，我們根據的是什麼？這個問題也關聯於善惡的標準是什麼的問題，例如，儒家認為，「道德的基礎是人們共通的內在良知，所有違背良知的行為都是不應該的，因為學生作弊是違背良知的，所以是不應該的。」在此，良知就是道德基礎，也是判斷善惡的標準。

十八世紀哲學家康德 (Immanuel Kant, 1724–1804) 的道德基礎是神（上帝），他主張：「道德是神的無上律令，神在我們內心深處告訴我們什麼可做什麼不可做，凡是違背神旨意的都是不應該的。」

許多不同的理論提出不同的看法，當然，學習哲學最重要的並不是知道有哪些理論，而是瞭解這些理論是如何論述的，當然，也有些理論主張沒有所謂的道德基礎，道德標準不過是社會風俗約定俗成的而已，或者，道德觀感根本只是人類情緒上的好惡而已。從哲學的論證來看，這些理論都有其合理性，也都有其困難，例如，每個人都有良知嗎？如果真是如此，為什麼社會上總是有著某些讓人難以置信的冷血殺人魔？神真的存在嗎？祂為什麼不直接讓我們看見，而只在內心深處指導我們的行為？如果神存在，為什麼祂容許這麼多壞事發生在無辜的人身上，而讓許多壞人逍遙法外？

　　如果道德只是人類的社會風俗約定，為什麼在這麼多不同的社會風俗下，道德有這麼多的共通性？當然，這些理論的支持者會嘗試去回答這些問題，但是，如果我們深入去追究，我們又會發現其他問題，如此不斷分析下去，我們將會對一個問題的瞭解愈來愈透徹，而這也是哲學思考方式的好處之一。

2.形上學問題

　　形上學又稱形而上學，英文名稱是 Metaphysics，英文的字面意義是「物理之後」，因為古希臘哲學家亞里斯多德 (Aristotle, 384 B.C.–322 B.C.) 所寫的相關於形上學的著作，放在其物理學著作的後面，而其引申意義則是比物理學更為基礎的學問，或說是物理學的基礎。

　　現代學科分類中，我們把物理學稱為基礎科學，那麼，比物理學更基礎或是所謂物理學的基礎又會是什麼呢？簡單的說，「形而上的」（或「形上的」）指的是在那些看得到、摸得到的物體背後的東西。例如，真正存在的東西是什麼？使物體存在的動力是什麼？物體是如何存在的？萬事萬物的起源是什麼？諸如這類的問題都算是形而上的問題。而企圖解答這些問題的哲學理論都可算是形上學。

　　當今形上學聚焦在關於世界上存在物真相的問題。例如，基本的存在物是什麼？靈魂是否存在？意識存在嗎？神存在嗎？如果它們存在，那它們又是怎樣的存在體？在哲學上，有個專有名詞叫做

實體 (Substance)，實體指的就是真實存在於世界上的存在體或基本存在體。例如，物理學家認為實體就是基本粒子，意思是說，所有的真實存在物都是由基本粒子所組成，而基本粒子就是最基本的了。

文藝復興 (The Renaissance) 時代哲學家笛卡兒 (René Descartes, 1596–1650) 則主張，實體除了物質實體之外還有所謂的心靈實體，也就是說，心靈的存在是獨立於物質的，這說法類似道教 (Taoism) 以及民間信仰，我們稱這種說法為二元論（Dualism，世界有心與物兩大實體的存在）。而否認心靈實體存在只相信物質實體的，則稱之為唯物論 (Materialism)，另外主張只有心靈實體存在的說法，則稱之為唯心論或觀念論 (Idealism)。

有時我們也使用「本體論」(Ontology) 這個詞彙來取代「形上學」，過去這兩個詞彙是不太一樣的。形上學所談論的比較廣，除了像本體論一般談論世界的真實存在物的問題之外，它還談論宇宙的起源的問題。現今，宇宙的起源問題已交給了天文學，所以，現代形上學和本體論已經沒什麼不同了。

3.知識論問題

知識論的英文是 Epistemology，它所探討的問題是關於知識的獲得、知識的結構、知識的可靠性、甚至關於什麼才算是知識，或我們究竟具備怎樣的知識等問題來探討。從小開始，我們學習許多知識，有些知識的獲得方式很簡單明瞭，例如，如何知道地球是圓

的？答案可能是書上學來的，或是別人告訴我們的。但有些知識的獲得則複雜得多，例如，如何學會語言？創造力如何學會的？三度空間 (Three Dimensions) 的認知架構是怎麼得來的？這些是我們學習知識很重要的一環，但是，我們卻很難知道他們的學習過程，如果是天生的，那麼，為什麼人們有這樣的天生知識呢？我們又如何去證明它們是天生的？

在知識的可靠性方面，我們發現，我們的知識或多或少都有著不確定性，也就是說，它們或多或少都有可能是錯的，我們如何建構起可靠的知識呢？到底怎樣的標準，可以稱之為可靠？

知識論與形上學的連結也是當今知識論的一個熱門問題，這樣的問題企圖探索我們的知識是否能呈現世界的真相。簡單的說，我們所知的世界，就是世界的真實樣貌嗎？還是說，我們只是透過「人」的認識能力來認識世界某些部分、或是某個層面？

談論知識論通常最先開始接觸的是跟知識有關的懷疑論，懷疑論者懷疑許多我們認為理所當然的想法。例如，懷疑我們有任何可靠的知識，懷疑我們能夠學會可靠的知識，懷疑感官知識❷，以及懷疑我們能夠傳達知識給別人等等。在這方面，哲學家常常被某些

---

❷　所謂感官知識也就是從感官直接獲得的知識。例如，經由眼睛我們看見紅、橙、黃、綠等顏色的存在，經由耳朵我們獲得關於不同聲音的知識等等。這些都稱為感官知識。

人詬病為「沒事找事做」，感覺上好像硬是把一些很簡單的事情變複雜了。事實上，哲學思考是一種深思的活動，有許多我們視為理所當然的知識，在仔細思考之後，可能會變得有問題了。當一般人尚未發現該隱藏的問題而直接閱讀哲學理論的時候，自然而然就會覺得哲學理論很無聊。

　　例如，我們理所當然的認為這個世界是客觀存在的，而我們對這個世界的知識是客觀知識，但是，我們藉由感官經驗來認識這個世界，而感官經驗是主觀的，到底從主觀經驗知識的素材是如何製造出客觀知識的？我們是何時跳脫主觀而到達客觀的？如果我們無法想像一個跳躍這層鴻溝的認知方式，那麼，這樣的跳躍或許根本不存在。如此一來，我們對這世界的認識是否也是主觀的？

　　這個結論似乎合理，但也很怪。因為，這麼一來，我對自己快樂情緒的認識，和我對門外那棵樹的認識，都是主觀知識嗎？更離譜的是，我對別人憤怒情緒的認識，難道也是我的主觀知識？這樣的推理導致了這個與日常生活很不一樣的奇怪說法，那麼，或許我們該對這個問題再做更深入的剖析，然後找出一個更合理的解答。

　　當對一個想法或是現象作更深入的思考之後，我們往往會發現我們原本的想法或對某現象的理解大有問題，因此，我們就會重新檢視這些想法，然後重新去解釋它們，經由這樣的思考過程，我們就可能發展出一個跟一般想法不同的哲學理論，而這哲學理論乍看之下或許會被認為很無聊，那是因為大多數人並沒有看到一般想法

中的問題所在。

五、哲學的功能

當談論哲學的功能時，我們必須先把問題分析清楚。當人問到，「哲學有什麼用」時，這個「用」字在說什麼？我想，如果回答，可以用來「談天」、「辯論」，這大概是答非所問，因為問者應該是要問「實際用途」。而所謂的實際用途大概可以指涉到，學醫的可以治病，學建築的可以設計房子，諸如此類。那麼，從這角度來說，哲學似乎真的沒什麼用處。但以這個標準來說，非但哲學無用，許多文科、數學、物理、等基礎科系都無用了。

那麼，就把「用途」定得寬一點好了，物理學可以研究自然真相，歷史學使過去所發生的事實重新呈現在世人眼前，文學可以創作小說、散文與詩，因而陶冶人性。從這標準來看，除了哲學之外，還只剩數學看似是無用的了。

如果再把「用途」定寬一點，把「間接作用」也加進來的話，那麼，如果沒有精確的數學，就不會有好的物理學、天文學，甚至連土木、資訊等都有發展困難了。所以，數學雖然本身看似無用，卻是許多學科都需仰賴的東西，其重要性或可說凌駕於其他學科之上。那麼，哲學呢？

哲學的主要功能在於把問題分析清楚，讓我們清楚自己思考的

問題癥結何在。以及在各種思路都無解的時候，發展新的觀點。除此之外，哲學還具有一個能力，就是讓人較容易擺脫舊有的思路。

有別於其他學科的建設性，哲學更具有破壞性的特質。哲學對學問的破壞性或許比其建設性來得更大。而破壞性是必要的，如同許多學科都需要數學一樣，許多的學科也需要哲學，除了哲學的分析技巧，還需要哲學的破壞性的能力。如果不明白破壞性的特質能有什麼作用的話，不妨想一想，炸藥的作用在哪裡？

當我們要蓋新大樓時，必須先把原來的舊大樓夷平，破壞得越徹底，新大樓就會蓋得越好，任何理論都是如此。信仰也是如此，許多人有信仰，而且依賴這些信仰維生，有些信仰內容其實大有問題，甚至到達理論間互相矛盾的程度，有些理論的矛盾並不明顯，需要做更深入的分析才能發現。但是，絕大多數人並沒有嘗試去做分析、去思考，而一直保持著某些信仰。哲學能協助一個人在複雜的思維中找出理論的弱點而不盲從，讓大腦處在一個更明晰的狀態。

哲學不一定能發現真理，但它一定能發現虛假。發現我們原本相信的東西，或自以為是的東西，只不過是由一個複雜的思想陷阱所套牢而已。在我們的思考過程中，無論為什麼而思考，如果擅長哲學性的思考，就容易避開許多的錯誤。這就是其破壞性的能力，破壞虛假的東西。所以，由這眼光來看，哲學的作用和數學類似，是一種間接的「有用」，凡是需要思考、動大腦的學科，都有可能會需要哲學的思考能力。

　　同樣的，哲學並不見得能讓我們找到人生的意義，但是，它通常能夠幫助我們找到目前人生觀的問題所在。發現思考的錯誤或許是哲學最大的用處，透過哲學性的思考、分析，我們能夠將一個想法明明白白的攤在眼前來檢視，當我們除去愈來愈多的錯誤思考時，或許，我們就會拉近與真實的距離了。

問題與討論

1. 試著想想看，為什麼泰利斯會認為水是一切的本源？其理由應該為何？

2. 一個很懂哲學思考但卻只讀過一點點哲學的人，和一個讀了很多哲學書但卻不懂得哲學思考的人，哪一個比較可以被稱為哲學家（Philosopher，愛智者）呢？

3. 試舉出一個較不具有哲學特質的宗教。

4. 當我們主張「買票應該要排隊」、或是「應該禮讓年長者」時，我們的依據為何？兩者是否有所衝突？衝突時該以什麼樣的準則為優先？

5. 試思考，讀哲學對自己可能會有什麼幫助呢？

第二課

柏拉圖哲學

　　自從西方哲學之父泰利斯開啟了愛智之學後，古希臘時期有各種不同的對世界的觀點被提出來，直到蘇格拉底 (Socrates, 470 B.C.–399 B.C.)，算是到達一個用理性思考來探討問題的高峰點。但都沒有留下較具系統性的著作。我們只能透過一些簡單的記述來推測先蘇時期（蘇格拉底之前的時期）的各種想法。

　　直到蘇格拉底的學生──柏拉圖 (Plato, 427 B.C.–347 B.C.)，才開始有較完整的著作問世。但其著作並不像現今各種書籍去構作理論，而是以對話的方式表達想法，所以其著作就叫做《對話錄》(*Dialogue*)。書中大都是以蘇格拉底作為主角來敘述其主張，所以，我們有時很難判斷其中的思想究竟哪些屬於蘇格拉底，又有哪些屬於柏拉圖。這個問題就留給專門研究哲學史的專家去分辨了，對於企圖從中汲取智慧的我們來說，是誰的觀點並不這麼重要，既然這是柏拉圖寫的，我們就將之統稱為「柏拉圖的思想」。因為，就算他不是原創者，他也應該不會反對這些內容才是。首先讓我們先思考下列問題：

1. 君主制 (Monarchy) 和民主制 (Democracy)，哪一個比較好？
2. 我們從未見過完美的圓形，我們是如何學會「完美圓形」的觀念？
3. 靈魂存在嗎？靈魂有哪些特質？
4. 何謂「柏拉圖式的愛情」？
5. 為什麼我們稱呼自己的妻子或是丈夫為「另一半」呢？

一、蘇格拉底之死與哲學家皇帝

　　有一天，蘇格拉底的一名好友采爾峰 (Chaerephon) 去求神諭：「世間有比蘇格拉底更有智慧的人嗎？」神諭回答：「沒有。」蘇格拉底聽聞這件事後，他開始思考，「我明明就很無知，為什麼神說我是最有智慧的呢？」於是，他開始去拜訪當時自稱很有知識的名人，然後開始問他們各式各樣的問題。例如：「你具有什麼知識呢？」「你為什麼這麼認為？」「事物的本質真是如此嗎？」然後從別人的主張裡面推理出矛盾，進而讓對方承認原來自己原本的想法是錯的。經過這樣的深入討論，最後，每一個人都被他問倒了。於是，蘇格拉底下了結論：「我之所以是最有智慧的人，那是因為我知道自己的無知，但別人卻連這點都不知道。」

　　然而，蘇格拉底的這些舉動，卻得罪許多當時的著名人士，而

且許多年輕人也以蘇格拉底為榜樣，用類似的提問法，得罪許多人。這筆帳也都算到了蘇格拉底頭上。於是他們控告蘇格拉底，罪名之一就是「腐敗年輕人的心靈」，最後經過五百人所組成的民主投票，以大約六十票的差距，判處蘇格拉底死刑。

身為蘇格拉底學生的柏拉圖對於這種判決感到非常的灰心，於是，他認為民主政治 (Democracy) 根本就是一堆知識與智慧都不足的人共同決定事情的眾愚政治。這當然不是一個好的制度，在他心目中，一個好的政策是君主政治 (Monarchy)，但必須是一個很有智慧的人當君主，由最有智慧與德性的人來決定一切事情。他認為只有受過訓練的哲學家可以扮演這樣的角色，稱為「哲學家皇帝」。

在其著作《理想國》(Republic) 中，首先他認為，國家是為了滿足人民的需要才存在的，而為了讓國家能發揮最好的功效，大家必須分工合作，把不同才能的人分配去做不同的事情，這樣的國家才能達成最理想的目標，稱為「理想國」。

在理想國中，人民經由個人特質與能力被分為三個等級，最高等級為治理階級的「守護者」，擔任政府各種主要公職。守護者之下的階層為士兵，士兵服從守護者的命令，保衛國家與維持社會秩序。再下一層為勞工與商人，負責生產、製造等經濟活動，並遵守由守護者所訂出的法律。

　　國家中最主要的成員為守護者，守護者必須擁有清楚的理性思考能力，且必須繼續接受教育，並且經常分發到不同的公務領導部門工作，除了增加行政與人生歷練之外，還要觀察其操守，最後當有人具備了真正的知識，領悟了善的本質，他就能夠成為一個理想的統治者，並依據其德性，為百姓謀求最大的幸福。直到下一代新的領導人培養出來後，就自動退位讓賢。

　　為了避免私心的作用，柏拉圖主張，統治階級不能擁有私有財產，以免貪污的私心扭曲其政策。統治階級也無法知道自己的小孩是誰，小孩一律由國家統一扶養與教育，這也是為了預防私心的作用。

　　在整個柏拉圖的理想國中，他並沒有預設守護者一定要是男人，因為，他認為男、女在生理上雖有差異，但擔任守護者最重要的理智能力與道德品質方面，兩性並無巨大差異。這是在古代人類社會中少見的，較為男女平等的思想。

二、知識來自於回憶

　　沒人見過完美的圓形，但是每個人都知道什麼是完美的圓形。那麼，「三角形」又是什麼呢？我們見過各式各樣的三角形，有大、有小，有鈍角、銳角、直角。但是，「三角形」這個觀念指的是什麼？它可以包含所有這些三角形，但是，有誰見過「這種」三角形到底是長什麼樣子？一個個別的三角形，可以是鈍角，但如果它是鈍角，就不會是銳角；如果是銳角，就不會是直角。那麼，「三角形」究竟是哪一種？實際上，它全部都包含，但我們根本無法想像在這世界上有一種三角形可以包含這些全部。既然連想像都沒辦法，當然也不可能真正見過。那麼，我們究竟是如何學會這個「三角形」觀念的？

　　相同的問題也套用在其他柏拉圖認為更重要的觀念。例如，許多人學會了「正義」這個觀念，可是他們只見過正義的個例，卻無法見到正義本身，那麼，人們是如何學會「正義」的？

　　柏拉圖認為，如果沒見過某種東西，就不可能學會屬於這個東西的新觀念，因此，在我們心中的許多觀念，都不是來自於人間。因為人間沒有這樣的東西讓我們學會這些觀念。因此，他主張，我們是帶著某些記憶來到這個世界，而我們所具有的這些記憶，是在另一個世界所學會。所以，另一個世界真的存在有相對應這些觀念

的東西，像是完美的圓形。因此，柏拉圖稱呼那個世界為觀念界（The World of Ideas，或也常被譯為理型界 (The World of Form)、或理念界 (The World of Forms)，是一種對應於我們的觀念，而且客觀實在的世界）。而我們在此世界上，可以透過看見類似的事物而喚醒我們的記憶。因此，柏拉圖認為，學習（尤其是學習新觀念）就等於是一種回憶。

從這個觀念界的假說來看，柏拉圖主張，這個世界其實不是真實的世界，而只是真實世界的影子而已。他用著名的「洞穴比喻」來說明這點。

假設許多人被綁在一個山洞裡面，沒有自由，不能觀看任何東西，只能望著山洞裡面的牆壁。偶爾，當飛鳥經過外面被陽光照到，就會投影在牆壁上，或是某些其他事物也可能投射上去，被綁的人們透過對牆壁的觀察，以為認識了真實的世界，但實際上，那些都只不過是真實世界的虛影而已。那些知識都是錯誤的。

當有一個人很努力的掙脫了綑綁，他回頭望向山洞外面時，會因為陽光太強而感到不適，但只要忍耐一段時間，他就會發現，原來我們自以為知道的世界都是錯誤的知識，而真實的知識，必須先脫離束縛，再經由適應強光照耀後，才能看到這美麗的錦繡大地。

於是，這個人很高興的去跟其他人說，但大多數人都不相信他，因為他們已經習慣了虛影的世界，並且將之當作是真理。就算有一些人選擇相信他，並且嘗試掙脫綑綁，但也會因為痛苦而放棄，也

或許會有一些人終於掙脫綑綁而回頭，但是發現強光耀眼，而認為這個人欺騙了他們，於是將他定罪致死。

在這個洞穴比喻中，牆壁看到的影子被比喻成我們現在所看見的，像是虛影般不真實的世界，而真實世界被比喻成真實知識的觀念界。而那個發現真相的人，自然就比喻成蘇格拉底了。

那麼，觀念界究竟是一個什麼樣的世界呢？是否像是我們現在的世界一樣，但一切事物都更為完美，或者，它只是一個思想中的世界？這兩者似乎都不是柏拉圖的想法。因為柏拉圖認為各種觀念都存在於觀念界，像是「善」，我們很難想像「善」如何像是現在世界一般的真實。而如果這些觀念都只存在於思想之中，那就變成全是主觀事物了，這也不是柏拉圖的想法，因為他認為這些都是客觀的存在。那麼，我們只能發揮想像力，去想像一個完全不同的世界了。

然而，無論想像是如何，柏拉圖的學生亞里斯多德 (Aristotle, 384 B.C.–322 B.C.) 都反對這個觀念界的假設，他認為這太沒有根據了。相反的，亞里斯多德主張，「我們眼前所見的世界，就是真實的世界。」而他解釋柏拉圖導出觀念界的疑問說，我們之所以在沒見過完美圓形的情況下，還可以具有完美圓形的觀念，這並不是來自於對觀念界的回憶，而是我們的一種抽象思考能力，藉此能力，從對許多個別事物的共通性，我們可以產生抽象觀念，來把握萬事萬物。亞里斯多德依據這樣的主張，展開對世界上各種事物的研究與

探索，並且生產出各式各樣的早期科學知識。

　　文藝復興時代著名畫家拉斐爾 (Raffaello Sanzio, 1483–1520) 的名作「雅典學院」，畫的正中央站著的兩個人，就是在描寫這對師徒的不同觀點。手指指天的是柏拉圖，表示真實世界是在天上（觀念界），而手向前指向地面的，則是亞里斯多德，表示真實世界就在眼前。

三、靈魂論

　　柏拉圖認為人是有靈魂的，靈魂從觀念界帶著記憶來到這個世界，這才讓我們能夠學習（回憶）抽象觀念的知識。而人死後，靈魂也會跟著離去，它是不朽的。而他又把靈魂分為三個部分：「慾性」、「理性」，以及「血性」。

　　在柏拉圖對靈魂的分類中，我們可以用三種不同的內在驅動力量來理解這些不同的部分。「慾性」這個部分像是對食物、性，以及對金錢的追求動力，愈是和滿足生理需求與身體快樂相關的，就愈屬於這個層面的驅動力。柏拉圖認為，這個驅動力是整個靈魂中最大的一股力量，但卻是不好的力量，引導靈魂走向墮落。

　　和「慾性」背道而馳的是「理性」。理性的驅動力經常告訴自己，不要再遵行慾性的引導，屬於自我掌控的理智思考力。這股力量將我們從沈溺於享樂中喚醒，驅使我們學習思考與知識，並以理

性的思考能力來引導我們的人生。然而，柏拉圖認為，雖然這股力量是好的，但卻是一股較弱的力量。

除了這兩個敵對的力量之外，另一股稱為「血性」的力量屬於像是勇氣、氣憤以及厭惡等的驅動力。當這股力量和理性合作時，便會增強理性的力量，對自己的沈淪感到憤怒、對於各種生理誘惑感到厭惡、對於突破各種由慾性所造成的難關，產生無比的勇氣來面對，那麼，人們就可以戰勝慾性的宰制，而走向幸福人生。

相反的，萬一這股血性的力量沒有和理性力量結合，甚至萬一因為錯誤的教育與知識，導致和慾性的驅動力合流，那人們就會墮入萬劫不復的深淵，走向一個錯誤的人生道路。所以，在柏拉圖的人生觀中，人們應該接受正確的教育，瞭解慾性對人的負面影響，培養道德德性，抑制慾性的作用，讓理性成為主宰人生的力量。當血性與理性合流，成為人生的主宰時，也能追求到幸福的人生。這樣的人生觀也是蘇格拉底所提倡，由柏拉圖進一步發展，而在亞里斯多德的哲學中完成，成為西方哲學的主流思潮之一。

四、愛情與兩性觀

在談論到愛情方面，基本上，柏拉圖認為純精神上的戀愛才是最高等級的。從其靈魂論也可以看到這點。柏拉圖認為，「性」是屬於「慾性」的層面，是需要被「理性」的力量所限制的。它的主要

功能在於「生兒育女」，除此之外，必須受到控制，以防放縱慾性而傷害靈魂的自主性。

所以，當我們說「柏拉圖式的愛情」時，通常就是針對這種「純精神的戀愛」。而且這種純精神的戀愛不僅僅是禁慾的愛情，而是在精神上完全沒有性渴望的愛情。當情人們在精神深處互相愛戀，但並沒有性慾交雜其間時，在柏拉圖的心目中，這才是戀愛的較高層次。

另外，在柏拉圖的《對話錄》中也記載著一個神話性的觀點，主張人原本是較為完美的男女合體型態，因而不會感到有所缺乏。但後來被分割開來，由於男女分離，我們才會感到自己的不完整，而受到異性的吸引，因為我們天性渴望尋找自己原來的那另一半。這也是為什麼會稱呼夫妻為自己的另一半。

從這樣的觀點，也可以進一步的發揮，解釋為什麼多數夫妻間常有難以磨合的口角發生，那是因為大多數人都找錯自己的那一半了，只要找對了，就會有完全契合的夫妻關係。這樣的觀點預設在這個世界上，真的存在有一位真命天子（女），在某個地方，等待著我們去尋找。

柏拉圖也藉此說明同性戀的由來，當原本是女女合體的人，被分割來到這個世界後，會成為女同性戀者，因為她原本的另一半就是女性。而男男合體的，則成為男同性戀者。

從柏拉圖的許多想法來看，許多學者認為他可以算是一個女性

主義 (Feminism) 者。或至少比起同時代的人來說，較具有男女平等的觀念，這是在人類古代文化中很稀有的想法。例如，他不認為女性在智力上較男性低等，因此認為女人也可以擔任國家中的守護者階級。而且，在人原本是男女合體的觀念中，並沒有認為哪一半是比較高等的主張，而且男女分裂後的靈魂也是各佔一半，而不是七比三或甚至是九比一。

　　相較之下，柏拉圖的學生亞里斯多德就具有完全不同的觀點。亞里斯多德認為，男女之間的差異不僅僅在生理層面。即使在靈魂方面，女人也是較為低等的。他認為，女人的靈魂雖然也有理性部分，但其理性部分的驅動力太弱，根本無法和慾性的驅動力對抗，於是，女人總是跟隨著各種慾望在處事，甚至無法使用理性思考來分清行為的是非對錯。

　　從現代的角度來看亞里斯多德的觀點，會認為是很不恰當的歧視女性看法。但是，在古代（甚至現代許多國家文化裡），這樣的觀點還是很普及的。當代女性主義者企圖扭轉這樣的文化，但是，也有反對者認為，這是男女天性不同所產生的自然現象。例如，亞里斯多德與其他古代文化的歧視女性觀念並非空穴來風，而是從觀察中所發現的現象。

　　柏拉圖哲學與亞里斯多德哲學的一個重要差異在於，柏拉圖在思考哲學問題時，較會應用其想像力去構作一個完整的理論，所以其理論較具有理想性；但亞里斯多德卻較著重在觀察，從觀察現象

去構作理論，所以其理論較具有實證性。因此，從亞里斯多德的觀察，當時的女性（即使現代女性也是）的確表現得較為情緒化，較著重在感情面，而較不以理性思考為人生的主導。所以，在承繼這種蘇格拉底以來崇尚理性的哲學觀點上，自然會有這樣的主張。

　　然而，當代某些女性主義者認為，這種男女差異並不是天生的，而是後天環境所塑造的。所以，在天性上，男女應該是沒有什麼重大差別的。但許多人類學家與神經科學家還是認為，男女天生有許多生理與心理上的不同，而且甚至主張，有些差異是很巨大的。這個問題，直到現在，在哲學界的討論中，還是一個爭議中的話題。

　　但即使男女在這方面真的有所差異，如果不是依據「重理性」的傳統來評價，也不會產生男高女低的結果。「重感情」與「重理性」，哪一個比較好呢？這又是另一個哲學問題了。

問題與討論

1. 柏拉圖理想國是否有什麼不理想之處？

2. 在針對學習新觀念的理論中，現代多數人會比較同意亞里斯多德的說法，但是，亞里斯多德的理論真的比柏拉圖更合理嗎？合理處在哪裡？

3. 從柏拉圖的靈魂觀中，可否看出教育的重要性？以及錯誤知識的不良後果？

4. 「柏拉圖式的愛情」是否符合現代社會呢？是否值得提倡呢？

5. 對每一個人來說，如果這世界上真的存在有一位屬於自己原來一半的「真命天子（女）」，那麼，有什麼比較好的方法可以找到這個對象嗎？

6. 嘗試思考看看，柏拉圖會認為同性戀是一種與生俱來的傾向，還是後天教育所造成的呢？

7. 在柏拉圖與亞里斯多德的女性觀中，何者較為合理呢？

8. 身為柏拉圖的學生，亞里斯多德在許多方面反對他的老師的觀點，這樣是否恰當呢？學生應該支持老師的觀點並且發揚光大，還是應該批評老師的觀點並加以改進，甚至發展新理論？何者較為恰當？

第三課

中世紀哲學

　　西方中世紀可以說是從耶穌以來的基督教思想所籠罩的時代，當時羅馬教廷 (The Roman Curia) 具有很大的權勢與威望，某種程度上掌握了「何謂真理」的判定大權。從其信仰的角度來說，符合《聖經》的即是真理，而與其觀點背道而馳的，則傾向於被歸類成異端邪說。所以，這個時期的哲學與希臘時期有一些不同，希臘時期基本上是以「合理性」作為判定一個理論好壞的主要因素，但在中世紀時期，雖然一樣重視合理性，有時宗教信仰卻會凌駕於合理性的基礎。也就是說，這是一個講求信仰的時代。但是，即使如此，對於不合理的教義，一樣會遭受到信徒與非信徒的挑戰，這時，就需要仰賴神學家們的思索，尋找化解之道。

　　在基督教的教義中，最重要的觀點之一：「神是唯一的，而且是全善全能的。」針對這個主張，自希臘羅馬時期以來，就有一個論證環繞在人們心中，企圖否定這種全能、全善神的存在，稱為「惡的難題」(The Problem of Evil)。論證如下：

　　1.如果神是全能的，則神有能力把世間的惡消除。

2.如果神是全善的，則神會想要把世界的惡消除。

3.惡還是存在於世上。

4.所以，全能且全善的神不存在。

這個論證的推理過程，是由前提一和二推出，「如果神是全能又全善，那神就會想要消除惡，而且有能力消除惡。」既然如此，「惡當然就會被消除了。」然而，前提三告訴我們「惡並沒有被消除」，所以，我們就可以推出「全能且全善的神不存在」。

這個論證事實上不僅可以用來否定基督教所宣揚的「全能全善神」，它實際上也可以用來否定佛教和道教的「慈悲又大能的菩薩」。理由是類似的，因為，惡的存在，包含了各種天災、人禍，而這些都是宗教中，認為慈悲又大能的菩薩或是神仙能夠阻止的。既然有能力阻止，又慈悲會去阻止，那麼，為什麼這些惡還繼續存在於人間呢？這是不是說，這些神、佛、仙，都是虛構的呢？

除了惡的難題之外，另一個在神學上一樣很重要的問題是，「我們是否可以證明神的存在呢？」在介紹中世紀哲學與神學家們的想法之前，讓我們先思考與討論下列問題：

1.除了信仰之外，我們是否有其他理由相信「神」的存在呢？

2.依據基督教、佛教、道教、或是個人，該如何回答惡的難題？

3.如果惡的存在是必要的，那其存在價值為何呢？我們又該如

何面對惡事？

一、基督教的原罪觀

在面對惡的難題方面，依據《聖經》，可以發現的一個簡單解釋是，「人類祖先亞當 (Adam) 和夏娃 (Eve) 偷吃了禁果才開始產生惡的。」當亞當和夏娃被趕出伊甸園 (The Garden of Eden) 之後，就成了罪人之身，罪人之身將會面臨死亡，而且子子孫孫都帶著這個原罪 (Original Sin) 活在世界上。這樣的罪形成了惡的來源。也就是說，這樣的罪導致了各種「天災」的形成。而屬於「人禍」的惡，則可以使用人的自由意志 (Free Will) 來解釋，因為神給了人自由意志，因此也給了人們製造災難的能力。

然而，這兩個解釋都不是很好。第一，用原罪來解釋天災形成，除了我們很難解釋這是怎麼造成的之外，也很難解釋這樣的舉動有什麼意義。而且，在沒有想出什麼特別意義之前，這也會和神的「全能全善」背道而馳。神既然全能為何不能赦免人的原罪，神既然是全善，為何不赦免人的原罪呢？祖先的錯誤要子子孫孫一起背負，這不也是很沒道理嗎？

第二，如果用自由意志作惡的人，最後導致只有自己受苦，那還說得過去，但是，作惡的人往往不是受苦的一方，而是被欺壓的

人，那麼，這些被欺壓的人為什麼得不到神的眷顧呢？

　　當然，這些問題並不是一問就必然會倒的問題，教徒自然也可以提出進一步的解釋，但是，進一步的解釋一樣會再碰見其他的難題，最後，答案往往匯流至「我們是人，因而無法完全瞭解神的旨意」的信仰型解答。

　　對於無法滿足於這種信仰型解答的人們或是教徒來說，我們需要更好的理由來面對這個惡的難題。

二、奧古斯丁的光照說

　　奧古斯丁 (Aurelius Augustine, 354–430) 是早期的基督教神學家，曾經擔任過主教的職位，並且被羅馬教廷封為聖人，所以常常被稱為「聖奧古斯丁」。

　　由於惡的難題，奧古斯丁在年輕的時候並不相信基督宗教，相反的，他信奉波斯摩尼教 (Manichaeism) 的「善惡二元」思想，認為世界上一直有「善」、「惡」兩股力量在運作，這樣的想法可以解釋為什麼會有惡的存在。因為惡的力量一直不斷的在製造天災，以及影響別人去作惡；而且，這也解釋了為何會有善人的存在，以及去克服各種天災人禍的力量。這善惡兩種力量的對決，導致目前我們生活世界的各種風貌。

　　從惡的難題角度來看，這個理論顯然好得多了。

　　但是，奧古斯丁並不滿足於此，他繼續深入思考，在這二元對立的觀念中，他一樣感到很疑惑，「為什麼這種對立的存在是永久的？」「為什麼不會有一方戰勝另一方的情況呢？」這樣的問題自然很難想出什麼合理的答案，因此，奧古斯丁便在他的信仰中陷入了理論上的困局。直到有一天，當他看到了新柏拉圖主義 (Neoplatonism) 對惡的解釋後，啟發了一個「光照說」(Illumination Theory) 的巧思，可以在基督宗教中解決惡的難題，他認為這樣的觀點更加有說服力，因而轉向信仰基督宗教。

　　首先，我們先回到柏拉圖。柏拉圖認為我們的觀念都來自於觀念界，而觀念界是一個完美、純淨、至善的世界，現實世界則是虛假的。這樣的觀點面臨一個挑戰：「我們的關於惡的觀念（以及關於虛假的觀念），是從哪裡來的？」「惡本身存在於何處？」如果「惡」存在於觀念界，那觀念界怎麼會是至善的呢？如果惡不存在於觀念界，那麼，我們的「惡」觀念便不是來自於觀念界，也就是說「所有觀念來自於觀念界是錯誤的」。那麼，這不是又導出矛盾了嗎？我們該如何解決這個理論上的困局？

　　新柏拉圖主義擁護柏拉圖的思想，並且為柏拉圖的理論在這個困局中解套，稱為「流出說」(Emanationism)。新柏拉圖主義的代表人為柏羅丁 (Plotinus, 204–270)，他將柏拉圖認為的最高的觀念「至善」解讀成一種具有特殊力量的至高心靈，稱為「太一」(The One)，這股力量自然流出之後形成各種其他觀念、以及事物，愈接

近力量的源頭，等級就愈高，反之，等級就愈低。

　　以此觀點來說明事物的虛假，則是由於事物分享太一力量較少的緣故；而用以說明惡的發生，則是沒有分享到這股善的力量的情況。也就是說，惡實際上並不存在，它並不是一個真實存在的事物，惡其實是「善的缺乏」。從這觀點來看，觀念界是否存在有惡呢？答案可以是「沒有」。因為只要在觀念界裡，所有地方都被善的力量所充滿，那裡就可以是純淨、至善的地方。

　　奧古斯丁接受了這個流出說，並加以改造，用光來比喻這股力量，光沒有照到的黑暗地方，就是「惡」。從這樣的觀點來說，雖然的確有些惡的現象發生，但「惡本身」是不存在的東西，並沒有任何一種東西可以稱呼為惡，它就是「善的缺乏」。而由於人間並非實體存在的世界、並非完美的地方，所以，許多沒有被善的光照到的，就形成了惡。

　　這個解開柏拉圖觀念界理論困擾的理論，也正好可以協助基督宗教用來回答惡的難題。因為惡根本就不存在，所以，惡的難題中的前提三（惡還是存在於世上）就不能成立了。（在一個論證中，只要有一個前提不能成立，則結論就不必然為真了。）有了這個光照說為輔助，奧古斯丁認為，惡的難題不足以撼動基督教的教義。

三、多瑪斯的五路論證

在惡的難題方面，一樣被羅馬教廷封為聖人的十三世紀哲學與神學家多瑪斯 (Thomas Aquinas, 1225-1274) 大體上贊同奧古斯丁的作法，將惡視為善的缺乏。而多瑪斯在神學上主要的貢獻之一，則是認為，我們可以從神所創造的世界中，發現神所遺留下來的線索，並推理出神的存在。這種藉由觀察世界並推論神存在的論證，稱為「宇宙論論證」(Cosmological Argument)，這有別於另一種從神的本質 （或定義） 推出神存在的 「本體論論證」 (Ontological Argument)。

多瑪斯提出了五個宇宙論論證來主張基督教神的存在，史稱「五路論證」(Five Ways)。論證如下：

1.第一路：第一原動不動者

此論證來自於亞里斯多德哲學對多瑪斯的啟發，亞里斯多德認為，針對我們對世界的觀察，可以發現所有一切在動的東西，都有至少一個推動者。而這個推動者的動，也一樣有其推動者，以此類推。針對這種現象，最合理的解釋是，有一個最初推動一切的開始，而且其自身並非被推動的。我們可以稱呼這種存在為「第一原動不動者」。(較不合理的解釋是「循環推動」，以及「無窮無盡的回溯而

沒有一個開始」。）

依據這個觀點，多瑪斯進一步思考，有什麼樣的存在能夠扮演這個第一原動不動者的角色呢？答案是：「神。」因此，多瑪斯認為，第一原動不動者的存在，是作為支持神存在的一個很合理的思考基礎。

2.第二路：第一因

第二個支持神存在的理由也是來自於亞里斯多德的思想。當我們觀察世界的各種因果關聯時，我們也會發現一個「果」的產生，都需要至少一個「因」來驅動它，而此「因」也可以作為另一個因果關係的「果」，而這個「果」，需要另一個「因」來驅動它。以此類推，最合理的解釋是，存在有「第一因」，而且此因是自發的，自己本身就是自己的因，並非其他因的果。

多瑪斯根據這個觀點，認為基督教的神最適合於扮演這種第一因的角色。因此，他認為這個第一因的存在可以用來支持神的存在。

3.第三路：必然的存在者

多瑪斯認為，我們所見的事物都是屬於「從不存在進入存在狀態，以及最後消逝又回到不存在」的「偶然性」存在者。如果不是這種偶然性的存在，而是「必然的」存在者，則會一直不斷的保持在存在狀態，不會「進入存在」也不會「變成不存在」。

　　那麼，是什麼樣的因素使得一個不存在的事物變成存在的事物呢？無論是怎樣的因素，這個因素一定來自於存在者，而不可能是不存在者。也就是說，存在者使不存在的事物進入存在。那麼，我們可以想像，當所有的偶然性存在者，都還沒有進入存在狀態的時候，有任何東西存在嗎？如果沒有，那所有偶然性存在者都無法進入存在狀態，但這與我們觀察的事實不合。所以，在那個時期，一定有東西存在，這個東西既然不是偶然性存在者，那就是必然的存在者。因此，我們可以導出，至少存在有一個「必然的存在者」，否則一切偶然性的存在都無法進入存在狀態。

　　多瑪斯進一步主張，由於「必然存在」也是神的重要屬性之一，這樣的發現也同時讓我們更相信神的存在。

　　以上三個論證的推理方式比較類似，都是從源頭來論證神的存在。「動」、「原因」，以及「存在」的源頭。這個主張「具有源頭」的想法，也的確是很合理的，如果這些源頭真的都存在，那麼，的確可以用來支持神的存在。但是，卻還未能真正導出神的存在。因為，就算這些源頭屬於某個相同的存在體，這也不表示這個存在體是具有人格、有思想、有靈魂的神。就像當今科學可以用大爆炸來說明這一切的源頭，但是，基督教絕不會認同大爆炸就是神。最多只能接受，大爆炸是神的屬性之一。那麼，我們來看看另外兩個不同的論證。

4. 第四路：真、善、美的標準來源

　　由於真、善、美是可以比較的，我們可以發現某些東西比其他事物更真、更善，以及更美。既然可以比較，表示有一個客觀的標準，既然有客觀的標準，那就存在有最真、最善、最美的存在體。而這也就是符合我們對神的瞭解。所以，這樣的存在也可以支持神的存在。

　　另外，真、善、美的標準以及屬性從何而來呢？多瑪斯認為最適當的說明是神的屬性分享到事物之後，才能產生各種真善美的屬性。這種分享的觀念類似新柏拉圖主義的流出說。接受愈多來自於神（或太一）的屬性，則就愈接近神，也就享有更多的真、善，與美。

5. 第五路：最終目的

　　我們可以看到許多沒有生命的物質朝著某個特定目的在運作。就像一枝箭朝向靶心的運作，如果沒有一個有智性的存在在操縱這一切，這是不可能有的現象。由於我們可以發現整個宇宙朝向某個目的在運作著，因此，我們可以推出有一個智性的存在，主導著整個運作的目的。而這樣的主導者最有可能是神。所以，這樣的目的性可以支持神的存在。

　　藉由這五個理由，多瑪斯認為，神的存在是一個值得受到理智

相信的事實。然而，如果真的有某個存在體同時具備這五個屬性，也未必表示這個神具備有基督教神的各種屬性，尤其是具有像人一般能夠思考的人格神。然而，這些論證的確可以相當程度的支持基督教神存在的可能性，這也是多瑪斯在哲學與神學方面的重要貢獻。

四、奧坎剃刀

相傳，當十八世紀天文學家拉普拉斯 (Pierre-Simon Laplace, 1749–1827) 向法國皇帝拿破崙 (Napoleone Buonaparte, 1769–1821) 解釋宇宙運行原理時，拿破崙問了一個問題：「在這整個理論中，神扮演了什麼角色呢？」拉普拉斯卻回答：「陛下，我不需要這個假設。」

從信仰的角度來看，「神」是整個信仰的核心點，沒有了神，所有一切都不用談了。在這個思路上，神的存在是不容置疑的。但是，從理論的角度來說，我們期待的是一個理智上最合理的理論，而這個時候，「神」就只是一個為了說明某些現象的假設而已。

中世紀末期，當羅馬教廷的影響力已逐漸轉弱時，哲學家奧坎 (William of Occam, 1285–1349)，提出一個理論簡化的原則，這個原則是說，「除非真有必要，否則不要增加存在假設。」這個原則在實際應用上，可以針對兩個解釋力相當的理論來做取捨，愈是簡單的（存在假設愈少的）則愈可能是對的。這原則稱為「奧坎剃刀」

(Occam's Razor)。

　　以拉普拉斯的例子來說，如果他的天文理論（在沒有假設神存在的情況下）已經可以把宇宙運行解釋得不錯了，而且，當我們增加神的假說之後，整個理論的解釋力其實並沒有變得更好，那麼，在這兩個理論（一個有神，另一個沒有神的假設）的競爭中，沒有假設神存在的理論則獲得較為簡化的優勢，因而成為較好的理論。這時，我們就可以說，「神」的假設是多餘無用的，那麼，奧坎剃刀就可以把這個假設給剔除掉了。簡單的說，依據奧坎剃刀原則，除非我們有必要假設神的存在，來解答某些無法解答的事情，否則，在理論的建構上，我們就不要有這個假設了。那麼，神是否是多餘的假設呢？

　　姑且不論奧坎剃刀原則是否能夠應用來否定神的存在假設，它已經成了當代科學建構理論的基本方法，只要沒有必要，我們就不要做多餘的假設。在奧坎剃刀的現代應用方面，某些學者認為，「靈魂」甚至「意識」都是在討論人類心靈理論時的多餘假設。但這些主張仍存在有許多的爭議。

問題與討論

1. 你認為「把惡當作是善的缺乏」，這樣的方法真的可以讓主張有全能全善神、或是大能慈悲神的宗教，擺脫惡的難題的困擾嗎？

2. 全能的神是否應該讓祂的至善之光照到世界的每一個角落呢？如果做不到，是否就不是全能？

3. 針對多瑪斯的五路論證，是否有哪一路是有問題的呢？

4. 請提出某種想像的情況（例如，有個全身發光而且長得像人的存在者出現在夜空中，並且伴隨著許多看起來像是天使的生物，這個存在者讓一座山分開成兩邊，並且宣稱自己是神），並且判斷這種情況是否真的可以證明神的存在？

5. 是否有什麼樣的理由可以宣稱，神的存在有其理論上的優勢，並不是完全多餘無用的假設？（也就是說，假設神的存在，可以比現有任何不假設神存在的理論，更完整的解釋某些現象。例如，耶穌復活；或是聖母顯靈。）

6. 關於神存在問題，有沒有其他更好的論證、或是理由，可以用來支持神的存在，或是支持我們對神的信仰？

第四課

笛卡兒哲學

　　只要有些反省能力的人，都會有一種經驗，發現自己曾經對某個事情、觀念、或是想法非常的肯定，甚至肯定到不容別人懷疑的地步。但是，到了最後，卻發現自己原來是錯的。

　　然而，發現到自己「原來是錯誤」的時候，我們常常會覺得奇怪，當時是被什麼東西遮蔽了雙眼，以至於看不清真相？然後笑自己當時很呆，然後就當作是一件理智上的偶發事故，之後就不再理會了。或者，更多人在發現錯誤的時候，很快便忘了自己曾經如此堅持，所以甚至連這種「發現自己從篤定到錯誤」的自省經驗都無法獲得。

　　如果我們不要忽略、也不要輕視這種經驗，讓自己的思維重新回到當時很篤定的時候，想想看在相同的狀態上，我們是不是仍然會再堅持一次呢？如果是的話，那就表示我們的思考習慣並沒有獲得改善，類似的情況還是會不斷上演。如果我們正視這種經驗，並仔細思索，會發現一個驚人的事實，「多數人的思考習慣有很多漏洞，這些漏洞會讓我們不斷去相信一些錯誤的事情。」當我們發現了這個驚人的事實，就自然會想瞭解，是否有較好的思考方法，可

以預防這種情況再發生？

　　另外，除了個人的求知過程之外，對於整個人類社會的各種知識與常識的建構也是一樣，人們往往也會犯下共同的錯誤。共同依賴、並且肯定著某些錯誤的訊息，直到許久之後，才發現原來我們都錯了。當這樣的戲碼不斷上演在人類社會的時候，如果我們正視它，一樣會很想知道，是否有更好的方法，可以確定知識的正確性呢？

　　十七世紀哲學家笛卡兒 (René Descartes, 1596–1650) 對上面兩個問題做了深入的思考，在他沈思後的哲學理論裡，提供給我們很多依循的準則。那麼，在介紹他的想法之前，我們先思考與討論下列幾個問題：

1. 當看到一個網路訊息的時候（例如，當蝦和柳橙汁或維他命 C 混合著吃的時候，會在胃中形成砒霜，而後導致死亡），我們應該用什麼態度來閱讀？以及如何防範被騙？尤其要轉貼之前，如何避免擴散錯誤知識？

2. 請舉一個個人經驗互相分享，以前曾經對什麼事情或什麼知識非常肯定，但到後來卻發現是錯誤的？

3. 請舉出一個「現在很肯定是對的」的想法或觀念，並討論這是否也有可能在未來被認為是錯的？

4. 是否有什麼知識，是無論如何都不可能會錯，或甚至是無法

被懷疑的呢？

5.是否聽過「我思故我在」這句名言？從字面上來看，或是從過去的印象來說，這句話在說什麼？

一、方法的懷疑

對於在日常生活中出現「原本認為是對的，但後來卻發現原來是錯的」這種情形，雖然大多數人不太去注意，或甚至根本忽視這種情況的存在，但笛卡兒卻感到很疑惑，並且嘗試去思考，這問題究竟出在哪裡？是否有改變的可能性呢？

沈思之後，笛卡兒認為，這些知識之所以會在後來被否定，表示在肯定它們的時候，就是立基在一個不穩定的基礎上，我們可能在尚未好好檢視它們之前，就已經輕率的認為是對的。那麼，我們目前的知識還有哪些也是處於這樣的基礎上呢？當我們再用這些未來可能被證明是錯的知識去推理時，我們只會獲得更多的假知識，那麼，我們該怎麼辦？

後來，笛卡兒想到一個方法，我們先重新好好審視現有的一切知識，淘汰那些地基不穩的，剩下確定的知識後，我們再來重新建構知識系統，這樣就可以避免再度發生擁有假知識而不自知的情況了。而被笛卡兒用來淘汰不確定知識的方法就是「懷疑」，當我們可

以找到不可能被懷疑的知識之後，這樣的知識就可以作為一切知識的地基。而當我們將知識重新建立在這樣的穩定基礎之後，就不會再誤信假知識了。

笛卡兒的這個懷疑手段被稱為「方法的懷疑」，亦即這個懷疑只是一種手段，最終目的並不是要推翻某些理論，而是要尋找確切不移的真理。

二、我思故我在

於是，笛卡兒開始了他的懷疑之旅。首先，針對我們日常生活中最常出現的感官知識，這種知識是確定的嗎？以我們的日常生活為例，當我們看見某個奇怪的建築物呈現「山」字形時，我們就說，這個建築物是山字形的，這樣的知識通常是很值得相信的，我們對於感官所獲得的知識大多非常信賴。但是，當笛卡兒為了建立地基而用一個更為嚴格的標準來審查時，他發現，感官知識其實是會錯的，像是許多幻覺、錯覺的發生。而且更糟的是，我們很難確定何時感官知覺會錯，以及什麼情況才不會錯。也就是說，在錯的當下，我們也可能無法發現這個錯誤。在這種情況下，感官知覺自然不能夠作為知識的地基了。因此，在尋找知識基礎的時候，我們必須先放棄感官知覺。

然而，關於邏輯、數學等知識又如何呢？這些應該是很值得相

信了吧。但是，笛卡兒認為，如果用一個最嚴的標準來看，這些知識也還是有可能會錯誤。例如，如果我們根本就是在作夢，所見的這一切都是夢中世界，夢中相信著某些數學與邏輯定理，而且，我們也無法確認究竟自己是不是在作夢，在這種情況下，我們又如何能夠肯定這些知識的確定性呢？因此，即使是數學與邏輯定理，也是可以被懷疑的。

除了這些之外，是不是還有更值得相信的知識存在呢？如果沒有，那就表示我們無法找到任何知識的穩定基礎，如果有的話，這種不可被懷疑的東西究竟是什麼？最後，笛卡兒在沈思中找到了一個不能被懷疑的知識，就是：「我在懷疑。」我們是不能懷疑這件事情的，因為，如果我懷疑我正在懷疑，那就表示我真的在懷疑。由於懷疑是一種思考活動，所以，我們也可以說，「我不能懷疑我在思考。」也就是說，當我們進行懷疑的舉動時，必然有一個「思考主體」的存在，也就是一個在主觀世界中的我存在著。因此，這就是笛卡兒的名言：「我思故我在 (I think, therefore I am)。」於是，笛卡兒找到了一個不可被懷疑的知識「我在」，下一步，他企圖依據這個地基重建知識體系。

這裡需要注意的是，這個「思考主體」只是一個「能思考的一種存在」，是主觀的認知，並不包含客觀的身體。所以，笛卡兒所找到的知識的地基，只是一個透過內省所發現的「能夠思考的心靈」而已。

三、知識的建構

當笛卡兒有了知識的地基之後，他企圖從這個地方開始尋找其他值得信賴的知識。首先，這個確定存在的「思考主體」有一個特質，就是「懷疑」。由於懷疑是一種不完美的狀態，這表示這個思考主體是不完美的。但很奇怪的是，這個不完美的思考主體卻具有「完美」的觀念。這個完美觀念究竟從哪裡來的呢？

笛卡兒認為不完美的個體不可能製造出完美的觀念，因此，完美這個觀念必然來自於真實存在的完美事物，那麼，什麼是完美的事物呢？笛卡兒認為，依據對神的定義，以及我們內心擁有的其他關於「至善」、「最崇高」等等無法由我們自身製造的觀念來說，我們可以推論出「神存在」。

既然神存在，而且神的基本屬性之一是至善，那麼，我們也可以相信，我們所經歷的世界並不是一個虛假的夢中世界。因為神不會讓我們落入這種認知的困境來欺騙我們，所以，我們可以進一步的肯定「世界存在」。而且，這個世界的物質也都是存在的。

從我們目前所掌握到的確定知識來說，我們發現，這個世界存在有兩種截然不同的存在實體。第一是「心靈」；第二則是「物質」。心靈的特質就是能思考；而物質的特性則是佔有空間。而且，我們也可以發現心與物兩者之間是會互相影響的。心靈能影響物質（身

體）；而物質（身體）也會影響心靈。

笛卡兒的這個知識發展步驟，形成了一種稱之為「心物二元論」(Mind-Body Dualism) 的理論，而這個笛卡兒式的心物二元論 (Cartesian Dualism) 引發了一個稱為「心物問題」(Mind-Body Problem) 的論戰。一直持續到今日，哲學家們還在深入思考之中。（這個部分將在「心靈哲學」單元中詳細介紹。）

另外，笛卡兒這種尋找基礎知識，並且企圖從基礎知識導出所有其他知識的觀點，也形成了最典型的「基礎論」(Foundationalism) 的主張，這個想法也引發了後世尋找更好的基礎知識的思潮，而且在數百年後的現代，有了巨大的改變，發現整個基礎論思維可能是錯的，進而發展出其他讓我們原本難以預期的理論，稱為「融貫論」(Coherentism)。（這個部分將在「知識論」單元中詳細介紹。）

四、理性主義與經驗主義

在笛卡兒推出神存在的理由中，我們可以見到柏拉圖的影子，他們都認為人們無法獲得某些特殊的觀念，這些觀念必然是與生俱來的，無論是不是來自於觀念界，都屬於人們無法自行生產製造的觀念。

在文藝復興時代，從笛卡兒開始，這種主張有先天知識存在，

而且相信這種先天知識是所有知識中較為重要的，甚至是其他知識的基礎，這樣的主張稱為「理性主義」(Rationalism)。主要代表人物除了笛卡兒之外，還有後續的史賓諾莎 (Baruch Spinoza, 1632–1677) 與萊布尼茲 (Gottfried Leibniz, 1646–1716)。

另外，跟隨著亞里斯多德，在文藝復興時代重啟戰局，反對這種理性主義所主張的先天知識，認為那些關於完美的觀念，也是來自於對不完美事物的抽象思考，而一切知識的起源，就是在現實世界中，接觸各種事物的感官知識。這種主張以洛克 (John Locke, 1632–1704)、柏克萊 (George Berkeley, 1685–1753)、休謨 (David Hume, 1711–1776) 為代表，稱為「經驗主義」(Empiricism)。因而形成一段理性主義與經驗主義之爭的歷史。

當然，希臘與文藝復興這兩個不同時代的問題不太一樣。希臘時期爭的主要是「真實世界究竟是在觀念界，還是就是這個現實世界」。文藝復興時代則主要討論「究竟是否有不需感官經驗就可以獲得的先天知識」。兩者主要的關聯則在於其推論的過程中，是否認同某些觀念可以透過感官經驗而獲得。如果可以，推理的方向就會走向亞里斯多德和經驗主義；如果不行，推理就容易走向柏拉圖與理性主義的結論。

那麼，究竟是否有些觀念是先天的？以及人類是否可以透過感官知識來獲得這些觀念呢？

笛卡兒單純透過思考就得出了「我思故我在」的知識，因此，

他可以合理的主張，在不需要任何感官知識的協助下，不需要感官觀察我自己，我就可以證明這個思維主體的存在。這樣的知識不就是先天知識嗎？

而理性主義者史賓諾莎則認為，感官知識是一種較為混雜的知識，不像邏輯推理或是數學等理性知識這麼清晰明瞭，所以，理性之知是比較高等的知識。然而，他認為，最高等的知識則是直觀型的知識 (Intuitive Knowledge)，這種知識才能看清事物的本質，而這樣的知識當然不是從（無法看清事物本質的）感官知識而來。

經驗主義者洛克則認為，人心在初生之時，就像是一個白板，上面空無一物。當我們開始有了感官經驗之後，才開始有知識，而透過對這些感官知識的反省，可以獲得更進一步的知識。所以，一切知識來自於經驗。對於那些被理性主義認為的先天觀念，洛克也站在亞里斯多德這邊，認為那是人的認知能力（洛克稱此為「悟性」(Understanding)）所造成。例如，當我們認識許多人之後，我們便可以在這些人中發現其共通性，而產生出一個「人」的觀念。所以，抽象觀念是從個別經驗、經過悟性的抽象思考能力而形成的。因此，一切知識還是都來自於經驗。

理性主義者萊布尼茲基本上同意洛克用悟性對某些抽象觀念的解釋，像是「人」、「椅子」等抽象觀念來自於感官經驗與悟性的作用，但是，他認為某些抽象觀念是無法由悟性獲得的，像是數學上的方形、圓形等觀念，我們不是經由看見許多圓形事物，而抽象出

圓形的觀念，而是反過來，我們的悟性先創造出圓形的觀念，然後才能讓我們理解圓形的事物。也就是說「悟性本身是先天的，而且悟性本身就可以創出某些與感覺毫不相干的觀念」。

在這關於抽象觀念的先天知識的爭論中，從奧坎剃刀原則來看，只要都說得通，而且具有相當的解釋力，自然是用最少假設的經驗主義佔上風。因為只要有感官經驗就足以解釋一切。但問題是，光用感官經驗是否真的就可以獲得夠好的解釋，而不用訴諸先天知識呢？所以，經驗主義一方的任務則是想辦法用感官知識解釋抽象知識的來源，無論是抽象作用的認知能力或稱為悟性，這些究竟是如何運作的呢？

經驗主義者柏克萊則主張，從視覺的角度來看，當我們構作一個觀念時，即是一種想像性的視覺，也就是在心中浮現一種想像，例如，當我們見到很多人時，我們可以把每個人的特殊性去除，只留下一個「人」的想像，那麼，我們就造出了一個關於「人」的觀念。這個作用方式說明了我們可以透過感官經驗去塑造新的觀念，不需要假設觀念界的存在，也不需要假設先天知識的存在。

也就是說，柏克萊針對構作觀念的悟性能力提出了一個不錯的解釋，當這樣的解釋力強到至少和先天知識以及觀念界的假設相當時，這個理論就具有「依據最少存在假設」的優勢，可以在奧坎剃刀的判準中獲得勝利。

但是，這個主張卻也帶來一個新的問題，在柏克萊這種關於悟

性作用的說明中，那些完全抽象的觀念，像是「三角形」，根本就是完全無法想像的東西。因為其已經失去了視覺內容，當各種三角形的特殊性被刪除之後，它變成了一個沒有畫面的東西。於是，柏克萊主張，這種抽象觀念是根本不存在的，不僅不存在於觀念界，甚至不存在於人們心中。而其只不過是一個用於統稱某些事物的名詞罷了。這些名詞只是為了使用方便而設定的東西，它們不具有任何存在意義。

到了經驗主義者休謨，他十分贊同柏克萊對於悟性的分析。然而，在他運用（已經認為是正確的）經驗主義的思考中，他發現了許多和人們不同的想法，首先，科學依賴的因果律 (Causal Law) 就無法透過經驗來觀察。當我們看到 A 球撞擊 B 球時，我們可以看到兩個球的前後順序，但卻無法看到其內部有個「因果關係」。因為，單從感官知覺來看，我們可以說，「A 球撞到 B 球，而 B 球開始移動。」這是我們對感官知覺內容的描述，這沒有問題，但是，我們卻不能說「A 球撞到 B 球，導致 B 球移動」，因為，「導致」並非一個感官知覺，而是我們自行加入的一個解釋，既然一切知識來源於感官經驗，這種關於「導致」的因果解釋又是從哪裡來的呢？我們實際上並沒有任何跟這個相關的經驗。那麼，這樣的觀念究竟是如何得來的呢？是不是也是完全沒有依據的不存在事物？如果是的話，那麼，在那個時代正在突飛猛進的科學不就是立足於這種虛構的原則了嗎？

五、康德的統合

從奧坎剃刀的角度來看，休謨發現了原本最簡單的理論中難以說明的部分，這時我們可以選擇放棄這些難以解釋的部分，保持理論的簡潔，但卻必須犧牲掉「因果律」這個這麼重要的知識。或者，我們接納因果律，但必須增加新的假設，這表示，「一切知識來源於感官經驗」的經驗主義教條就必須被修正了。

到了十八世紀，康德 (Immanuel Kant, 1724–1804) 出來解釋這個問題，他主張，類似像這種「因果律」、「時間與空間觀」等非感官知覺可以產生的東西，都是屬於「天生內建的認知結構」，像是模子一樣從感官經驗中塑造出我們藉以把握世界的知識。

這個主張更完整的解釋了各種知識的形成，也某種程度上的統合經驗主義與理性主義的優點，而立足在一個偏向理性主義的方位。雖然，「天生內建的認知結構」未必屬於先天觀念，但的確是先於感官經驗，並且使感官經驗能夠產生知識的先決條件。然而，這樣的理論卻告訴我們，我們實際上並非被動的接收世界的訊息而瞭解世界，反過來，我們是在接收世界的訊息之後，主動將其轉化成我們能夠接受的知識。也就是說，我們的知識未必就是世界的真相，而是由我們自己造出來的。

那麼，世界的真相是什麼？我們可以認識世界的真相嗎？康德

把世界的真相稱之為物自身 (Things-in-Themselves)，而且主張，物自身是不可知的。也就是說，在統合經驗主義與理性主義之後，康德發現，依據人類的認知能力，根本無法認識真正的客觀世界。這樣的結論也讓很多哲學家不滿意，因此，在「如何可能認識真實世界」的問題上繼續努力。

六、思考方法

笛卡兒的思考引發了許多的哲學討論，而這些討論，讓我們對許多事情的樣貌愈來愈清楚，也愈來愈深刻。這是哲學的主要價值之一。那麼，我們來看看幾個最值得現代人學習的笛卡兒的思考方法：

1. 在追求真理的目的上，我們在一生中，應該要對所有事物都懷疑一遍。否則很難擺脫一些習慣性的偏見。
2. 凡是可以被懷疑的東西，我們都要將它當作是可能會錯的。
3. 懷疑只針對事物，而不要用在做人處事上。尤其是要作有時效性的抉擇時，選擇可能性高的，不要因為懷疑而喪失機會。
4. 有些很基本的觀念是很難定義的，像是何謂「思想」、「存在」，以及「真理」，但其本身卻很清楚的呈現在心中。我們刻意去定義它們時，反而會弄得更混淆，增加不必要的思考困擾。

問 題 與 討 論

1. 有人說「我玩故我在」、或是「我愛故我在」，這些說法看起來很類似笛卡兒的「我思故我在」。從推理的角度來看，這些說法是否可以成立呢？或其意義是否和本尊有所不同？

2. 「我思故我在」這個理論的價值何在？其證明的「我在」究竟是什麼東西的存在？

3. 笛卡兒認為「不完美的個體不可能製造出完美的觀念」。你是否同意這個想法呢？

4. 我們是否天生就具備有「三度空間」的視野，以及時間的觀念？還是說，這些也是後天學來的？

5. 我們有可能認識物自身嗎？在夜闌人靜的時候，當我們抬頭看見星光，難道這星光不是物自身嗎？那它是什麼？

6. 在無人的山中，當一棵樹被吹倒的時候，是否會發出聲音？

7. 柏克萊認為，那些無法想像的抽象觀念是不存在的，它們只是一些語言上的名詞而已。想想看，「觀念」和「名詞」兩者有什麼不同呢？

8. 試著在日常生活中運用笛卡兒的思考方法，看看是否會對個人的智慧有所提升，並提出分享與討論。

第五課

人生哲學

　　在當代，許多人認為活著就是要快快樂樂的享受人生。這樣的觀點可以追溯到羅馬時期的伊比鳩魯 (Epicurus, 341 B.C.–270 B.C.) 學派，稱之為享樂主義 (Epicureanism)。而與其相對的，則是認為最美好的人生是禁慾的，因為放縱慾望會讓人們更不快樂。這樣的觀點稱之為禁慾主義 (Stoicism)。禁慾主義和佛教的理論較為接近，認為慾望是苦的來源，要離苦得樂就需禁絕慾望。

　　自蘇格拉底以來的希臘哲學，以及以孔子為主的儒家，都認為人生應該要培養德性。甚至主張這種有德性的生活才是最幸福的人生。但道家卻不太支持各種道德標準的限制，認為具有彈性的處事智慧，才能讓人獲得自在的人生。

　　其實，這些理論雖然看起來有所衝突，但其根本上是可以融合的。享樂主義也認同慾望要有所節制，否則便會帶來更大的麻煩。所以，如果真的無法做到節制，而且禁得了的話，那禁慾會是更好的選項。也就是說，只要能有所節制，就可以釋放慾望去獲得人生的享受；但若無法節制，乾脆一開始就不要放鬆對慾望的掌控。這樣的觀點應該是享樂主義與禁慾主義都能認同的共識。

德性可以帶來快樂，而且可以減少很多不快樂。這也是無庸置疑的。因為，有德性的人較不容易生氣，而且較能藉由助人而感到愉快。所以，如果希望獲得幸福快樂的人生，培養德性是一定有其價值的。這也算是一種哲學上的共識。而且，道家其實也不會反對這種德性，但是，如果把道德變成僵化的教條來要求別人，以及制定是非對錯的價值標準，這不僅會增加人與人之間的衝突與仇恨，而且可能讓社會更加失序。這是道家所預見的關於道德規範的可能壞處。然而，在儒家以仁為本的考慮下，也不會將道德如此應用。而使用智慧去化解各種道德教條所可能造成的衝突，尋找應用的彈性，這會使人生活更自在一些。依據儒家基本精神，也不見得會反對這樣的生活方式 。 這些都算是哲人們對追求快樂與幸福人生的共識。

然而，在人生各種哲學思考中，最被重視的一個問題應該是關於生命意義為何的問題。但是，針對這個問題，可作為前提的事實根據實在太少了，所以我們很難推理出確切的解答。哲學不像各種宗教可以給生命一個簡單明確的解答。因為，到目前為止，沒有任何關於生命的解答是真正在理智上有說服力的，而哲學講求的就是在理智上具有某種程度的說服力，所以，哲學界在生命意義的解答方面目前並無共識，也幾乎沒有主流的理論。但這並不表示哲學思考不理會這個問題，相反的，生命意義的確是很重要的哲學問題，即使我們難以直接去尋找生命意義的解答，但我們可以旁敲側擊，

許多哲學思考會對我們尋找個人安身立命的生命解答有所幫助。那麼，讓我們先思考與討論下面幾個問題：

1. 當我們問「人生意義為何」時，我們究竟在問什麼問題？
2. 從個人信念或個人直覺來說，人們生活在世界上是否有特別的意義或是目的？
3. 想法分享，如果人生有目的，那是什麼呢？如果人生沒有目的，我們該如何過生活？
4. 人的目的就是追求各種快樂？同意或是反對？
5. 「未經檢視的生命是不值得活的 (An unexamined life is not worth living)。」這句話是誰說的？同意或不同意？如果同意，我們該如何檢視自己的生命？

一、生命意義的分析

在討論生命意義為何之前，我們必須先分析清楚，當我們在說「生命意義」時，我們究竟在說什麼？我們必須先把問題搞清楚才知道要怎麼尋找答案。在語言的使用上，當我們問「做某某事情的意義為何」的時候，我們通常是在問，「當我做完這件事情，我可以獲得什麼？」

　　例如，「做完作業」，我獲得的是，學習到某些東西、可以交作業、甚至還可以得高分。而「做了一個善行」，可能獲得愉悅的心情、增進好的形象、或是讓自己更喜歡自己一點。這些所獲得的東西，就是做這些事情的目的，也就是其意義。

　　那麼，循著這個分析脈絡來思考，當我們追問生命的意義時，通常是追問：「當人生結束後，這一段生命歷程帶給了我們什麼呢？」在這樣的思考下，如果死後沒有來生（或沒有一個靈魂繼續存在），生命就沒有意義了。如果死後有來生，那麼，藉由現在的生命對來生的貢獻，我們便可以探討生命的意義。所以，在這個思考角度上，生命的意義必須預設某種來生。

　　但是，麻煩的是，對於論證來生的存在已經不容易了，像是柏拉圖經由「知識來自回憶」的觀點來論證靈魂存在，以及笛卡兒藉由心靈與物質的不同來論證靈魂的實體性，但這些論證都顯得說服力不足。若要再更進一步論證來生是什麼，其說服力就會更低了。這也是為什麼哲學很難直接談論生命意義的主要因素之一。那麼，我們又如何在這個問題上旁敲側擊呢？

　　哲學可以探討為什麼我們關心這個問題？為什麼有人相信某些宗教的說法？哲學也可以討論那些宗教的解答有什麼問題？甚至，哲學也可以談論我們用來探討生命意義的語言與邏輯推理有什麼問題？以及渴望知道生命意義的心靈是什麼？當然，哲學也可以探討我們用以瞭解生命現象的知識是否有問題等等。而這些更為基本的

問題也就是當今哲學關心的問題。雖然這些問題看似與生命的意義問題本身無直接關聯，但當我們對這些問題有更深入的瞭解時，或許我們將會對生命意義的問題有著相當不同的理解。以下讓我們來討論一些與生命哲學比較相關的問題。

二、薛西弗斯的神話

當人們想要尋求生命的意義時，通常是處在一種覺得生命沒有意義的感覺上，或至少感覺不到生命有何意義。如果一個人一直忙碌的追求些什麼，從不停下來讓心靈歇一歇，那就不會對生命意義這個問題感興趣。當一個人在忙碌了一段時間之後，突然間整個人靜了下來，開始懷疑自己一直在追求的，到底是不是真的這麼有價值，並且思考其意義的同時，大腦裡便會湧出一堆疑惑：「做這些事情的最終意義何在？」「我應該做些什麼？」「人為什麼活著？」或者，「我活著到底有什麼意義？」

剛開始產生這種疑惑的人，內心通常呈現出一種空虛的感覺，覺得所做的事情好像根本就沒有任何價值，而且似乎也想不出有什麼更有價值的事情應該去做。一般稱這種感覺為「虛無感」。也就是覺得任何事情都沒有什麼意義的感覺。如果把這樣的感覺轉化成為一種主張，認為人活在世界上根本就沒有任何意義，這樣的主張就形成了一種稱為虛無主義 (Nihilism) 的哲學觀。在希臘神話中的一

個故事最能描繪這樣的觀感。

　　有個叫做薛西弗斯 (Sisyphus) 的人，因為做錯了事被罰推石頭，他必須每天推一個大石頭到山頂，但是，當歷經千辛萬苦，終於把大石頭推上去之後，石頭自然而然會從山頂滾下來，隔天他必須再重新把石頭推上山，如此一來，他每天都在做一件徒勞無功，沒有意義的事情。

　　虛無主義者認為，人生所做的一切努力，其實就像是薛西弗斯每天推石頭上山一樣，沒有任何意義。那麼，我們該如何面對這種虛無主義呢？以及該如何解決這個覺得人生無意義的問題呢？這樣的問題不像是之前所談的一種思辨上的哲學問題，而是關於人類心境上的問題。如果人們不會有虛無感，就不會有這個問題，或至少，這個人生意義的問題就會變得不這麼重要與急迫。有些哲學家認為，這個問題對人類來說，才是最重要的問題，而其他像是知識、道德等問題反而變得無關緊要。基於這樣的想法，大約十九世紀開始，哲學家們將人類的存在狀態或存在本身作為研究的對象，這樣的研究產生了一個在哲學史上非常獨特的思潮，稱之為存在主義 (Existentialism)。

三、存在主義

　　西方哲學的一個傳統特色是「理性思考的內容，重於內在心靈

的感受」。存在主義運動認為應該要反過來，因為心靈感受才是人類存在最重要的東西。他們反對笛卡兒的「我思故我在」，笛卡兒用思考作為人類存在的根據（因為，笛卡兒認為思考是人類的本質），也就是把思維當作人的存在核心。所以，我們用理智來衡量生命。但是，存在主義認為這種對生命的瞭解是偏離了生命本身存在的狀態。因為，存在本身的自覺就是存在的依據，而存在之後，才有所謂的思考，所以，對存在主義來說應該是「我在故我思」，這也就是一般所說的「存在先於本質」。「我在」指的就是我們用直覺用情感活在當下，藉以瞭解生命，而不是藉由理性思考來把握生命與存在。

　　我們可以在柏拉圖的靈魂論中發現，希臘哲學傳統認為人生應由理智來主導，對於那些會混亂理智的情緒與情感，都視為理性的敵人而應該被控制。這樣的傳統到了文藝復興時代被傳承下來，成為哲學的基本準則。那麼，當人們陷入情緒的困擾，以及情感的失落時，哲學能夠做什麼來撫慰人的心靈嗎？當存在主義始祖之一的十九世紀哲學家齊克果 (Søren Kierkegaard, 1813–1855) 帶著憂鬱寡歡的心靈，前往當時哲學最負盛名的大學學習哲學時，他發現：「哲學就像是高大雄偉的大廈一般，雖然浩瀚與華麗，但卻有一個很大的缺陷，就是人無法住進去。」因此，他放棄當時從理性主義傳承下來的哲學體系，認為理性思考反而是體驗真實存在的絆腳石，他主張：「思考得愈多，存在就愈少；當我愈是真實的活著，就思考得愈少。」

存在主義反對把人變成一個冰冷的客觀對象來做思考與分析，而應該回頭觀看自己的存在，用內在所有湧現的情感，發現與瞭解人的生命。這樣才能掌握生命的全部，也才能找到人的解答。

簡單的說，存在主義就是一種強調人類應該思考本身各種存在狀態的主張。從方法上來說，存在主義哲學的立足點，是從傳統哲學的客觀角度，轉向主觀角度。例如，西方哲學傳統的一個共同特色，就是尋找客觀真理。也就是以客觀觀點尋找永恆的真理或知識。而存在主義可算是對這種方法的革命。它認為應該為人類的存在狀態（尤其對各種生命現狀的不滿），尋求解答以及解脫的契機。

以存在主義學者海德格 (Martin Heidegger, 1889–1976) 為例，他透過所謂的現象學 (Phenomenology) 方法，主張所有的一切知識都應建立在主觀內省的基礎上，當我們跳脫主觀尋找客觀知識時，我們的知識系統就產生了許多的問題。例如，我們無法證明客觀世界真的存在等等。所以他認為，我們必須返回主觀世界重建我們對世界的認識，以及對人的瞭解。

這個變化直接改變了許多哲學與文學作品。由於強調內心的感受，而且大多數人在內心深處找不到神的存在，也找不到人生的意義，因為這些都是推理的產物。於是，虛無主義就成了存在主義的一個代名詞。這種對生命的觀感，透過文學作品，栩栩如生的被描繪出來，感染了許多的族群，從學界蔓延到校園，甚至滲透進大街小巷的閒聊話題裡。如同存在主義哲學家尼采 (Friedrich Nietzsche,

1844–1900) 的預言，「人類社會將進入虛無主義的時代，因為神已經死了。」

　　虛無主義強調人生是沒有意義的，是痛苦的。在存在主義蔓延的時候，甚至有人受這種文學作品的影響，而自我了結生命。事實上，無論是存在主義或是虛無主義都是一種主義，只要是一種主義，就是一種理智的活動，理智活動就不完全只是內心的感受了。簡單的說，許多人陷在存在主義的理論架構下思考問題，而誤以為一切都是內心的自然活動。雖然內心感受裡面找不到神的存在，也找不到人生的意義，但是別忘了，內心深處也同樣找不到神的不存在或人生的無意義。因為，內心深處無關於神也無關人生的意義。內心的感受就只是感受，而不是解答。這才應該是真的從內心出發的觀點。

　　事實上，存在主義雖然很可能帶來虛無主義，但是，所帶來的虛無應該是無關於神與生命意義的，存在主義不是一種對生命的否定。這種虛無主義並不必然帶來生之痛苦。真正的存在主義不必然帶有對生命的抗拒。相反的，生命本身的另一股蓬勃的生之慾望卻經常被忽略了。由此，我們發現存在主義的兩大路線，一是強調痛苦的虛無主義，另一是強調生命動力的存在主張。當然，也可以兩者並存。

　　這個存在主義思想很吸引人，曾經一段時間捲席了世界各地的大學校園，也在人類的文明與智慧上有著相當的影響力。但是，在

人們為存在主義著迷的同時，哲學家們也發現，存在主義似乎只帶給人們重視內在情感世界的主張，但仍然無法給生命一個解答。那麼，人生究竟是怎麼一回事呢？我們是否可以在其他地方找到更有價值的觀點？

四、經驗機器的假說與東方哲學的解答

二十世紀哲學家諾齊克 (Robert Nozick, 1938–2002) 在人生意義的問題上，提出一個很有趣的論證，稱為經驗機器 (Experience Machine) 論證。這個論證主要想得出的結論是：「任何經驗都不會是人生的目的。」由於很多人把追求快樂（某種經驗）當作是人生的目的，因此，這個論證可以說是反對以追求任何一種快樂當作是人生的目的。

假設有一個稱為「經驗機器」的東西，這個東西可以提供所有可能的經驗，而且讓在機器裡面的人以為是真實世界，甚至也可以讓人忘記曾經進入過這部機器，而把機器內的世界當成是真實世界。那麼，假設我們自己可以安排在機器內將會有什麼經驗，是否有人願意先設計好餘生的一切經驗（可以充滿各式各樣的快樂），而後進入機器再也不出來，直到此生結束？

依據諾齊克的調查，他發現，大多數人都不願意進入機器裡面，或許剛開始覺得很好，但是一旦要下定決心，就會開始猶豫，發現

自己還有許多事情要做。再多想想，就會想放棄了。因此，諾齊克認為，假設我們內心深處有一個引導我們邁向人生目的的指標，那麼，當我們想像正確的人生目的時，我們應該會很滿意，並且願意去執行，既然我們不願意進入經驗機器裡面，這就表示任何經驗都不會是人生的目的。

這個論證的前提是先假設人們的內在具有一個生命的指標，如果我們可以想像一種完全的滿足（填滿內心虛無的深淵），那麼，這樣的一種狀態就很可能是生命的意義，就是我們應該要追求的方向。依據這樣的假設，如果任何經驗可以是生命意義的話，那麼，內心自然就會驅動我們去追求它，如果發現內心並沒有這樣的動力，那顯然就不會是生命的意義了。

但是，存在主義的虛無感卻告訴我們，在內心中不存在有這樣的東西，如此一來，這是否代表著生命真的是沒有意義的呢？

在西方哲學停步的地方，東方哲學可以發揮一些特別的助力。在一般人心中找不到化解虛無的東西，這代表內心沒有這樣的東西，或是這樣的東西埋藏在一般人看不見的內心深處呢？包括儒、釋、道為主流的東方哲學都認為，人的內心世界是可以透過某些修行而開拓的，人可以走進更深沈的心靈世界裡，找到所謂本性的東西，而這樣的東西，就是生命的解答。不同的派別，對這樣的解答有不同的名稱，但是否是描述相同的境界，則在學界中具有爭議。

然而，由於一般人無法直接看到這些東西，因此也有學者認為

這只是無稽之談，或視其為一種宗教信仰。這也是為什麼許多西方
學者，認為東方哲學事實上是一種宗教的主要理由之一。但由於目
前我們難以將這些主張，以西方哲學的論證方式表達清楚，所以，
這些論述也的確處在難有客觀說服力的層面上。相信的人，去修行，
若有所得，便可與人分享其悟道經驗。但可惜的是，悟道者也很難
證明自己真的是悟道者。所以，社會上就會有不被相信的真悟道者，
也會出現被眾人信仰的假悟道者。這是東方哲學中較麻煩的地方。

五、幸福人生

　　不管生命是否有目的，就算我們不願意進入經驗機器的虛假世
界之中，或甚至也不願意去修行，在內心深處找答案。那麼，我們
在真實人生中一樣可以尋求著幸福快樂的生活。而且，追求幸福快
樂的方法，在哲學理論中是較有共識的。在我們尚未瞭解人生意義
之前，這是一個可供參考的人生方向，因為，如果人生沒有意義，
那至少我們也獲得了一個幸福人生。那麼，我們該如何追求幸福呢？

　　古希臘哲學家亞里斯多德認為，有德性的生活才是最幸福的。
要獲得幸福，就必須先培養德性。所謂德性，指的像是勇敢、公平、
寬恕、愛人等等內心品質。這裡要注意的是，德性並不是針對人表
現出來的行為，而是真正屬於人的內在特質。例如，勇者無懼，具
有勇敢德性的人較不容易產生懼怕的情緒，反之，只表現得勇敢但

內心仍然懦弱並非擁有勇敢的德性。而具有「樂於助人」的德性者，會喜歡幫助別人，並在幫助別人中獲得快樂。反之，如果沒有這個德性，勉強去助人或許反而會感到不快樂。

從這裡可以看出，具有德性的人較能面對生活上的問題，並且也較能獲得許多生活的樂趣。我們可以從另一個典型的例子來說明這點。俗話說：「原諒別人就是放過自己。」這句話很有趣，當某些人對我們做了不好的事情時，我們常常懷恨在心，這種心境其實很不快樂，我們愈是耿耿於懷，心裡就愈不舒服。如果我們具有寬恕的德性，容易原諒別人，那麼，我們就具有可以釋放自己不快樂心境的能力，那麼，這當然有助於我們的幸福人生。

因此，亞里斯多德發現，德性原來不是吃虧，而是可以在自己的生命中找到幸福的鑰匙。只不過，要訓練德性其實並不容易，亞里斯多德提出的方法是「養成習慣」。例如，當我們尚未有幫助別人的德性時，多多去幫助別人；尚未有公平公正的德性時，在生活中勉強自己去做公平公正的事情，或許剛開始覺得不愉快，但只要養成習慣，成了內心的屬性，那就能享有德性的好處了。

如果從儒家的角度來說，德性的培養需注意自己內在的仁心，或是良知，只要行事都能依循良知而做，德性也就漸漸培養起來了，也就能夠獲得幸福人生。而儒家甚至也主張，走上這條培養德性之路，便是走向了正確的人生道路，當發現內在善的本心的同時，也就成就了可以稱之為「天命」的人生意義了。

問題與討論

1. 如果人生有目的，為什麼神佛不直接告訴我們目的為何？這不是讓我們更容易達成目的嗎？

2. 試思考，為什麼在哲學史上，只有存在主義獲得廣大群眾的熱烈迴響，其他哲學理論則較沒有如此受到一般大眾的重視？

3. 在存在主義的思考中，當我們無法從內心深處找到存在意義時，就容易陷入虛無主義的困境，有什麼方法可以找回生命的希望呢？

4. 當宇宙無限膨脹或是收縮回到終點時，人類都不可能繼續存活，是否有其他可能性能讓人類保留下來繼續發展呢？

5. 或許有人認為自己很想進入經驗機器裡面，請分享你的看法，並且討論。如果現在真有這部機器，你會馬上進去，還是想做完一些事情之後再進去？會想做哪些事呢？

6. 上完這堂課後，想法是否有改變了呢？請分享看法與討論，「我認為人生意義是什麼？」

第六課

倫理學

　　在日常人與人的相處中，我們常常訴諸一些道德條例來讚美別人，或是譴責別人。例如，「小明是壞小孩，因為他考試作弊。」或者，「王大頭是大善人，因為他捐了一百萬元給慈善機構。」類似這樣的道德評價，習以為常的發生在我們的生活周遭，沒人覺得這些是很奇怪的事情，因為我們共同接受了某些道德觀點。

　　但是，總是會有些人，具有著不同的道德標準。例如，小明的媽媽說：「你們家小孩就沒作弊的膽識和聰明才智吧！」或者，「只要是對自己有利的就大膽去做吧，反正人人都是自私的。」如果我們不同意這些看法，那該怎麼辦呢？

　　在日常生活中，有些道德判斷是有爭議的。如果我們仔細思考這些道德爭議，常常會發現有些道德標準很可疑，或甚至很不合理。例如，在金庸小說《神鵰俠侶》裡面的陸展元，因為喜歡上新認識的何沅君，而離開原本的女朋友李莫愁。像這種移情別戀的故事在我們生活周遭常常發生，而人們大都認為這樣的行為是不道德的，原因是，被拋棄的一方會受傷害。根據一般的價值觀，我們認為傷害別人是不好的，所以，我們也認為移情別戀是不好的。

　　但是，人間事通常很複雜，我們很難用這麼簡單的規則，來對每一件類似的事情做評價。想像一種金庸沒提到的可能狀況，當陸展元遇到何沅君時，他發現她就是他理想的對象，就像是依據柏拉圖的愛情觀，找到屬於自己真正的另一半。在這樣的情況下，難道他不能為此追求自己的幸福嗎？就算他真的能夠擺脫這種誘惑，然後堅持和先遇到的李莫愁成親，他就真的能夠忘掉何沅君了嗎？如果不行，那麼，當他整天和李莫愁在一起的時候，心裡卻想著何沅君，這是不是對李莫愁更不公平呢？

　　新聞經常報導被要求分手的一方嚴重傷害要求分手一方的事。潑硫酸、放火，或甚至砍殺對方。這些去傷害別人的人，往往覺得自己是站在公理正義的一方，對不道德的人做處罰。但是，仔細想想，連已經結婚的夫妻，在公開做過承諾之後，都還可以因為相處等各種問題選擇分開，為什麼男女朋友反而沒有選擇分手的權利呢？

　　當我們開始懷疑原本的價值與道德判斷，然後重新思考這些問題時，我們會發現，其中還有很多因素需要考慮，原本所使用的簡單標準，其實不足以用來合理的判斷複雜的人間事。那麼，當我們重新思考道德問題時，有關道德的哲學理論就開始一一被提了出來。在談理論之前，讓我們先思考下列幾個問題：

1. 當 A 要求跟 B 分手時，追根究底，在什麼情況是 A 的錯，以及在什麼情況是 B 的錯？請舉例說明，並提出理由。

2.如果有機會可以藉由職務之便從中獲取大筆利益（也就是貪污），而且絕對不會被發現，那麼，是否認為自己有可能會去做這件事呢？如果不願意，理由是什麼？

3.把一個垃圾（例如：空鋁箔包）隨手丟在停在騎樓的機車籃子裡，這樣算不算是亂丟垃圾？（試著從道德與法律的不同角度來討論）

4.如果發現自己的機車籃子被人丟了一個垃圾（例如：空鋁箔包），然後拿起來丟在地上，這樣算不算亂丟垃圾？（試著從道德與法律的不同角度來討論）

5.從道德的角度來看，人為何不應該亂丟垃圾？理由是什麼？

6.假設你是一個電車駕駛，突然發現前方軌道上有五個人躺著睡覺，而且煞車失靈。所幸，在撞倒五個人之前，有機會可以轉到另一個備用軌道，但另一個軌道卻躺著一個人，這時你該怎麼做才是最有道德的選擇？不轉彎撞死五個，還是轉彎撞死一個？

一、道德的兩難問題

在複雜的社會現象裡，一個行為通常不能只從單一觀點來評價。例如，我們認為騙人不好。但是，一個從不說謊的人，可能會很無

趣、不討人喜歡。有時，有些謊話實在沒有什麼不好，但卻能提高生活的樂趣。舉例來說，有些人在愚人節玩得很高興，即使是被騙的，也可能被騙得很開心，這又有什麼不好呢？

當我們針對不同的行為在做選擇時，我們必須能夠比較出哪一個行為是比較適當的，或是較有道德的。在日常生活中，這種選擇通常都不難。例如，騎機車時，雖然整個路上都沒車，但我們可能還是選擇遵守交通規則，乖乖的保持在機車道。但是，假設突然有個小孩衝出來，如果馬上轉移到沒車的汽車道就可以避開，在這樣的情況下，我們要不要違規以避免撞到人呢？當然，跟撞到人比起來，在沒車的路上違反一個小小的交通規則就沒什麼了不起了，我們可以很輕易的比較這兩個行為，然後選擇一個比較好的來做。但是，並不是所有的抉擇都這麼簡單，有些情況可能會讓我們不知該怎麼辦，這就是所謂的道德的兩難問題。由於這種情況（雖不常發生，但還是）有可能會發生，因此，哲學家們希望能找到客觀且不會再有爭議性的標準，來解決這種難題。

我們都認為，遵守法律是大家都應該做的。但是，如果法律被濫用，我們還是應該遵守它嗎？當古希臘哲學家蘇格拉底被判死刑時，雖然他知道整個判決在某種程度是被仇人所操控，但的確是依據當時的法律程序，他主張：「惡法也是法，必須要遵守。否則，法律將失去其力量。」蘇格拉底這種為成全大局而置生死於度外的精神，當然是很值得敬佩的，但是，這種選擇是否正確呢？

如果有一天，我們明明就沒有超速，但是，不知為什麼，或許是因為測速機器偶爾的失靈，竟然被測出超速，然後被開罰單，這時當然會很不開心。假設，在合法申訴無效後，由於自己的好朋友在相關單位工作，可以把罰單消除，而且不會有任何人發現問題，並且他也很樂意這麼做。那麼，我們該怎麼做？或說，怎麼做才符合道德？

又例如，我們都認為，說謊是不對的。但如果有一天，擔任公司清潔工的貧苦少年因為飢餓而偷吃了老闆早餐裡的幾根薯條。如果被老闆發現，一定會把他開除，甚至被毒打一頓。假設當時只有自己在場看見，當老闆發現薯條少了幾根時，他問每一個人有沒有看見是誰拿走的，這時要不要說謊呢？

另外，被老闆從失業與負債困境中解救出來的警衛和老闆娘互相愛戀，在老闆背後偷情，我們雖然看不慣這個作法，但是，警衛曾經對自己有恩，這該怎麼辦？怎樣的作法才算是有道德的正確選擇呢？

這類問題稱之為道德的兩難問題。也就是說，當某個情況發生後，在道德上會讓我們左右為難。如果要解決這樣的問題，我們不可能只是簡單的遵守一條一條的道德原則，因為在上面的例子中，無論我們怎麼做，都至少違反一種道德原則。例如，如果我們幫助貧苦而且飢餓的清潔工，我們就得說謊，否則我們就要看他發生不幸。

在沒有兩全其美的辦法下，我們該如何選擇呢？為了解決這種困境，我們必須找出在這些道德規則中，哪些是更重要的、而哪些又是次要的。如果我們可以找到這樣的優先次序，那麼，我們就至少可以解決大部分的道德兩難問題了。問題在於，如果我們要找出這樣的優先次序，我們必須有一個衡量標準，藉由這個標準我們才能夠排列出道德的程度與道德條例的優先次序。那麼，道德的衡量標準又是什麼？

二、道德善惡的標準？

道德的標準也可以稱為善惡的標準。到底怎樣的情況我們可以稱之為善，而怎樣的情況我們可以稱之為惡，而又在什麼樣的情況，一個行為可以比另一個行為更為善或更為惡呢？在這個問題中，有些是我們大家都同意的。例如，在不考慮其他因素下，隨便殺人一定是惡，而到處救人性命一定是善。至於在戰場上殺人是善、或是惡，就很難說了。謀殺或解救一個罪惡滔天的獨裁者是善、或是惡也許也有爭議，但把獵殺野生動物當作娛樂在現代社會會被認為是惡。然而，殺一頭牛煮來請親朋好友一起吃，讓大家高高興興度過一個愉快的節日，卻很可能會被許多人認為是善。噴殺蟲劑毒死一堆蚊子也或許是善，而故意踩死一隻蚯蚓可能是惡。在這些例子裡面，我們真能找出善惡的規則嗎？還是說，這些善惡的標準只不過

是某個文化社會的產物？是否因不同的文化價值而產生不同的善惡標準呢？

　　對佛教徒來說，所有殺生都是惡。對伊斯蘭教徒來說，吃豬肉是惡。對於不同的國家民族與宗教社群來說，善惡的確有所分別，因此，從這個觀點來看，有哲學家主張，善惡只是相對的概念，善惡的標準來自於該社會群體文化下所形成的觀感，這樣的說法稱為「道德的相對主義」(Moral Relativism)。

　　但是，道德真的只是社會文化的產物嗎？如果是的話，為什麼在這麼多不同的社會文化裡，有這麼多的相似處？而且，難道人們對某些處境的人容易產生同情心的天性，在善惡的抉擇中，並沒有扮演任何角色嗎？我們對善惡的執著有時並不只是知識上的認知，而是情感上對善惡行為有不同的感受。即使在沒人看到的情況，大概也不太會有任何正常人想偷偷捏死一隻熟睡的小貓。當我們看見一隻小狗在車水馬龍的街道過馬路時，一般人都會想去救牠。以孟子的例子來說，當我們看見一個嬰兒快要掉到井裡的時候，我們在考慮救他是否是善之前，以及考慮救他是否會有回報之前，我們就可能已經行動了。難道這些人類的天性，在善惡的判斷中不扮演任何角色嗎？如果，我們的善惡判斷來自這種天性，而人類的天性如果類似，那麼，這樣的天性或許就是善惡標準的本源了。

　　這樣的理論在儒家的思想哲學裡可以稱之為「良知論」(Theory of Conscience)，或「性善論」(Theory of Good Nature)。因為人有良

知，所以依據良知的作用，我們便能分辨善惡。類似的想法在康德哲學裡稱之為「義務論」(Deontology)，意思是說，我們會去做善事的動力，就像是來自於內心的一個聲音，這個聲音讓我們認知到我們有義務要這麼做，所以，當我們服從這樣的義務去做就是善。因此，義務論主張，某些行為本身就是善的，為善的重點在於其善的動機，即使沒有達成好的結果，或甚至達成更糟的後果，善行仍然還是善行。

相反的，「結果論」(Consequentialism) 與 「效益主義」(Utilitarianism) 反對從動機衡量一個行為的善惡，主張用行為所造成的結果來衡量該行為是善或是惡。若能導致好結果的，為善，導致壞結果的，為惡，如果好壞都有，那麼，導致好結果比壞結果多的，為善，反之為惡。這樣的標準甚至可以將各種不同的結果量化計算，例如，救人一命為一千分，救一隻小狗為一百分，亂丟垃圾為負十分，而殺一個人可能是負五千分等等。當我們做了一個行為時，我們便可依據這樣的評分表把所有產生的結果的得分相加，而所得的分數如果為正則為善事，如果為負，則該行為為惡。即使正負得分相同，導致總分為零分，那也可以當作是一件不善不惡的行為。這似乎是個很精確、很科學的標準。有了這樣的標準，我們就幾乎可以完全解決所有道德兩難的問題了。

但問題是，什麼叫做好結果？救了一個人是好結果、還是壞結果？如果這是好結果，那麼，如果這個被救的人後來殺了兩個人又

如何？如果這樣算是壞結果，那麼，如果這兩個後來被殺的人正在策劃用毒氣攻擊某大樓，如果他們沒被殺，那麼可能會有數十人被毒氣毒死，這樣又如何？如果我們要繼續考慮下去那就沒完沒了了，這個善惡的標準雖然好用但似乎還需要改進。

　　另外，這種可以用簡單算術計算的得分表似乎不太符合我們天生的道德觀。例如，假如救人一命為一千分，救一隻小狗為一百分，那麼，如果我們必須選擇救一個人或救十一隻小狗時，我們是不是要選擇救十一隻小狗？如果這個得分不符合，那要怎樣的計算才適合呢？無論如何給分，我們都可以問一個問題，救一個人的善程度等於救多少隻狗？或者，要救多少人才能抵得過殺一個人？甚至殺一個人要用撿多少垃圾去彌補？當我們遇到這些問題，應該會覺得這些問題很怪異，道德善惡似乎無法用這樣的方式來比較。這是以結果論善惡所導致的困擾。

　　義務論較注重行為的「動機」，而判定對錯的關鍵主要就在於做出該行為的動機。這個標準更能捕捉我們一般對行為對錯與善惡的看法。一個心懷不軌的人如果不小心做了一件產生好結果的事難道就是行善嗎？例如，一個小偷去廟裡偷千年佛像，偷完後剛好遇到地震把廟給震倒了，由於小偷把佛像偷出來，使得歷史悠久的佛像免於被摧毀的命運，這應該是好的結果，但是，我們可以說這個小偷做善事嗎？所以，一個善的行為必須有一個善的動機，而一個惡的行為也必須有惡的動機。但是，這樣的善惡標準卻讓我們無法客

觀的去衡量一個行為的善惡，因為，我們很難知道一個人的真正動機是什麼。一個時常助人的人可能只是想提升知名度，或有其他目的，一個經常做壞事的小孩可能只是希望引起大人的注意，並沒有任何惡的念頭。

　　如何尋找一個更好的善惡標準，以及更符合人類善惡直覺的理論，對哲學家們來說，也是一個很大的挑戰。要解決這個問題，首先我們必須先知道，道德的根本基礎是什麼？也就是說，道德的根基在哪裡？如果我們可以找到道德的根基，或許，我們可以從根本建立起一個完善的道德理論。

三、道德基礎何在？

　　當別人有著不同的道德標準時，我們似乎對他們一點辦法都沒有，我們根本無法說服別人到底哪一種道德標準才是對的，因為，我們平時所應用的道德標準本身並沒有一個紮實的基礎，也就是說，這些道德標準本身就是基本假設了，沒有更基本的理論在那裡。

　　就像是下象棋時，別人的「車」斜飛（違反遊戲規則）把你的「傌」吃掉了，你怎麼辦？你只能說他不遵守大家公認的遊戲規則，而他說，他的遊戲規則不同，那麼，除非你接受他的規則，否則，你也無法說服他你的規則是比較好的。這樣的想法主張，道德是相對的，是大家制定的，沒有所謂的道德基礎。

　　在這樣的想法之下，有些人企圖重新尋找道德基礎。例如，康德認為道德來自內心的一個聲音，而這樣的內心呼喚來自於上帝的無上命令，這種命令內藏在我們的內心深處，只要運用理性反思就會發現了。這個想法和儒家類似，但儒家不講上帝，也較不強調理性的思維，而著重在一種善的本源，或稱之為對良知的直觀把握。藉由每個人心中都有的良知，我們就能知道善惡。然而，這些基礎還是有問題，即使康德是對的，那麼，我為什麼要聽從上帝的命令？即使儒家是對的，我又為什麼要遵循善的本性，而不是自私的本性？

　　這些問題又會牽扯一些其他的問題，例如，人的本性究竟是什麼？上帝是否會賞善罰惡等等。所以，當我們建構這樣的一個道德理論的同時，也需要其他理論的輔佐，整個理論融貫的集合起來就成了一門自成一個體系的哲學了。但不同的哲學體系之間，也很難做比較，究竟孰是孰非？

　　道德需要一個基礎，如果我們不能找到道德的基礎，那麼，當我們使用一些道德標準來批評別人、或是約束別人的時候，我們對別人的譴責可能只是別人不遵守大家公認的遊戲規則而已。而這似乎不是個了不起的事。道德基礎對重建社會道德規範來說，扮演著重要的角色。但是，遺憾的是，到目前為止還沒有任何哲學家真正提出有說服力的道德基礎理論，可供全面的廣泛應用。相反的，卻有不錯的論證企圖證明道德基礎是不存在的。

四、事實與應該的鴻溝

　　十八世紀經驗主義哲學家休謨 (David Hume, 1711–1776) 所提出的一個哲學論證指出，道德基礎是不存在的。也就是說，道德價值觀背後缺乏確定的支柱來支持它的成立。論證大略是說，當我們描述一個事實真相時，我們所使用的語言結構是：X 是 Y（或 X 不是 Y）。當我們描述一個道德義務時，我們所使用的語言結構是：X 應該做 Y（或 X 不應該做 Y）。如果道德義務是天經地義的，那麼，道德義務就能以事實真相為基礎導出來。也就是說，道德義務是從事實真相推理出來的。那麼，應該有一種合乎邏輯的推理方式可以由「X 是 Y」的語言結構推理出「X 應該做 Y」的語言結構。但是，事實上，不存在有這樣的邏輯推理（當今哲學界也還沒有人真正能挖出這條邏輯通路）。所以，所有道德義務都不是天經地義的（由事實導出的），那麼，所有道德義務的來源都需要重新反思了，或許大多數的道德觀只是人類文化活動的產物。

　　這個論證的核心想法是，道德並不是一種自然產物，道德並沒有任何關於事實的存在物作為其成為一個自然物的基礎，那麼，道德就只能是人造物了。既然是人造物，道德就沒有什麼神聖不可侵犯性，也就只不過像是玩遊戲時所訂下的遊戲規則而已。

　　當一個人生活在一個特定的社會文化中，我們被要求遵守這個

社會文化所訂下的處事規則，如果一個人違反了這樣的規則，只不過就是沒有遵守規則而已，或說，他不願意參加這個由大眾制定的遊戲方式，而不是什麼大不了的事情。我們或許可以為了社會安定以及集體利益，訂下法律或其他罰則來懲罰這樣的行為，但是我們根本就沒有理由去譴責或是鄙視這樣的行為。

如果我們不能反駁這個論證，那麼，當我們要用一個道德規範去衡量一個人的行為的時候，必須考慮到為什麼他要遵行此道德規範。我們不能簡單的視其為天經地義的規則而將其加諸在別人身上。沒有任何可以普遍使用的道德規範是天經地義的，至少，目前我們還沒找到具有共識的解答。然而，這個論證真的完全沒有問題嗎？

現代哲學家瑟爾 (John Searle, 1932–) 並不同意這點，他提出了反例如下：

1. 瓊斯公開說：「我發誓我一定要給史密斯五元。」
2. 瓊斯發誓要給史密斯五元。
3. 瓊斯說的話讓他背負了一個要給史密斯五元的義務。
4. 瓊斯有義務要給史密斯五元。
5. 瓊斯應該要給史密斯五元。

這個反例從第一句話（只是一種事實的描述）為起點，但是發展到最後一句話卻是關於應該的描述。因此，如果這個反例是恰當

的，那麼，休謨主張沒有道德基礎的論證則是失敗的。但是，瑟爾這個反例真的算是反例嗎？從第一句到最後一句的變化真的都沒有問題嗎？其實，有許多哲學家並不同意這個反例。對這問題有興趣的人可以自行思考看看。

　　當哲學家批評道德價值的時候，往往會遭遇兩種反應。第一種是來自保守觀念，主張這種思想很不好，鼓吹反道德觀念會造成社會問題。第二種來自自由觀念，認為可以把道德觀念丟掉，隨自己高興做事。

　　這些的確都是問題，但這問題的發生主要來自於人們大都很輕率的閱讀哲學文章，或是以自己的看法詮釋其隱含的意義。這是一個不妥的讀哲學的態度。精確的理解是必要的。上面的說法只宣稱：「道德不是天經地義的，而是人類制定的。」上面反對的，是把道德當作理所當然的東西加諸在別人身上。但是，上面的說法並不隱含說「道德是不好的」或「道德應該被推翻」。其實如果這麼說，則是自相矛盾的說法。當我們使用「應該」，「好壞」時，都必須想到，這些可能都是人類制定的東西，不是天經地義的。

　　那麼，我們或許會想問一個問題了，「在這種找不到道德基礎的情況下，人們為什麼還要遵行道德呢？」當我們失去過去遵行道德的理由時，這並不表示道德就是沒意義的。過去實行的道德觀念帶來的壞處不見得就比好處少，但是，它的確有好處。至於，如果道德不是天經地義的，人為什麼要道德？這也是在道德哲學中，備受

注意的問題。主要理由之一在於，如果實施恰當，道德對全體社會大眾有好處。

　　另一個問題是，之前提到的道德基礎是針對一種普遍的，能夠應用在每一個人的道德基礎，即使這樣的道德基礎不存在，也不見得就沒有其他種類的道德基礎。例如，以儒家來說，用良知作為道德基礎的問題，在於我們如何知道每個人都有良知？就算有，我們又如何知道大家有著相同的良知？這樣的問題使我們無法建構一個普遍適用於所有人的道德基礎。但是，我們可以問自己一個問題，「我有沒有良知？」如果可以發現自己的良知，那麼，這就足以建立一個個人的道德基礎而無須在意一個普遍的基礎了。但是，這樣的道德基礎卻只能（在自己違背良知時）用來譴責自己，而不能用來譴責別人。這大概就是為什麼大多數人不喜歡這種道德基礎吧，因為，道德觀念在社會大眾的應用方面，其實大多被用來譴責別人或是約束別人，對自己卻常常網開一面。這反而才真正是造成社會問題的大麻煩。

　　在尋找道德基礎的過程中，生物科學日漸發達，有些對人類基因與大腦的新發現漸漸的可以作為是否存在有道德基礎的依據。例如，如果我們在腦中找到了良知的發源地，那麼，藉由這樣的科學證據，我們可以用這個大腦功能證明人類有著類似的良知，或者，從演化論的角度來看，生物學家道金斯 (Clinton Richard Dawkins, 1941–) 主張人有自私的基因，因為基因象徵人的天性，那麼，關於

人性本善的說法就受到了強烈的挑戰。

　　腦神經科學、生物學，以及心理學都可能在不同的方面，提出有助我們思考道德問題的線索，這也就是為什麼哲學與科學經常需要互相結合來尋找解答。因為科學知識經常可以用作建立一個論證的有利前提和證據。近來很熱門的「生物倫理學」(Bioethics) 就是由生物科學的角度來思考道德問題。

　　當我們有健全的科學理論來討論道德問題之後，依據這些理論，我們可以更深入探討一些爭議的話題，例如，墮胎、安樂死、吸毒的選擇權，甚至在人類創造出有心靈現象的電腦機器人之後，這些機器人是否應該享有和人類一樣的權利？墮胎和安樂死都算是一種兩難問題，一方面是殺人的舉動，另一方面則是幫助人們解決痛苦。對於一個已經被醫生宣判無法治癒的病患來說，他有權利選擇不要繼續受苦而安然的死去嗎？一個在暴力因素下而受孕的少女，可以選擇不要這個胎兒嗎？針對這些日常生活中的實際問題的研究，稱之為「應用倫理學」(Applied Ethics)。當我們有更健全的道德理論與充分的科學知識之後，我們就更能夠找出解決這些問題的關鍵了。

問題與討論

1. 試舉出一個自己親身經驗的道德兩難問題，討論針對這個問題，什麼樣的解決方式最好？

2. 一個與道德相關的行為中，動機和結果哪一個比較重要？例如，A 和 B 兩人看見一個兒童正挨餓著，A 想去幫助他（有行善動機），讓他吃一頓飯，但發現根本沒帶錢，所以什麼也沒做（沒有導致任何好的後果）；這時，B 為了個人形象也想做善事（無行善動機），但的確幫到了，讓挨餓的兒童飽餐一頓。在這種情況下，動機和結果哪一個比較重要呢？是否有其他例子有其他不同的選項？

3. 在瑟爾反對休謨的論證中，是否存在有什麼問題？

4. 我們是否可以依據現代的大眾道德觀，來批評古代的某些道德標準，例如，「女子無才便是德」？或是批評其他文化的道德標準，例如，「丟石頭打死通姦婦女是正當的行為」？如果可以，理由是什麼？如果不行，那我們應該用什麼態度面對這類事情？

5. 由於大多數的宗教都有許多道德誡律，像是基督教的十誡 (The Ten Commandments)，或是佛教的五誡，如果依據這類神諭作為道德基礎，是否適當？

6. 從結果論的角度來思考前面提到的電車問題時，較有道德的選擇為何？從不同理論來看又會有什麼不同的答案？

第七課

形上學

　　形上學 (Metaphysics) 所探討的問題，主要針對事物的存在與否及其存在本性。例如，柏拉圖和亞里斯多德所爭論的「究竟真實世界是在觀念界或是在現實世界」、中世紀神學與文藝復興時代討論的「神是否存在」、「靈魂是否存在」、以及「這些存在事物的本質為何」，這些都歸類為形上學的領域。而且，這些問題也被稱為本體論 (Ontology) 的問題。

　　這些問題通常跟日常生活比較沒有直接關聯，只有當人們對自身所存在的世界感到好奇，想要多瞭解這個世界的真相，和一些超自然的事物時，形上學就成了人們關心的話題了。

　　原本形上學所包含的內容，除了本體論之外，還包括了宇宙論 (Cosmology) 的範圍，討論宇宙的形成與運作方式，但這個領域已經歸屬於天文學的研究範圍，當今哲學已經不再討論這類問題。所以，當今形上學和本體論的討論範圍已經沒有什麼差別，因此，在現代，當我們說本體論時，也就是說形上學，反之亦然。那麼，讓我們先思考與討論下列問題：

1. 佛教的「佛」和基督教的「神」，有何不同？
2. 在之前所討論的各種問題中，還有哪些問題屬於形上學領域？
3. 當我提起手上的原子筆，然後思考，「這枝原子筆是真實存在的嗎？」這是否算是形上學問題？
4. 當我思考，「這個螺絲起子算不算是客觀存在？」這是否也算是形上學問題？
5. 請分享自己曾經思考過的形上學問題。

一、神存在問題

哲學史上有許多關於神存在的論證，在前幾課裡，已經談到了多瑪斯的五路論證、笛卡兒的論證，以及否定全能全善神存在的惡的難題論證。在這裡，我們補充兩個有趣的論證，第一是「賭博論證」(Wager Argument)，第二是關於「全能神不可能存在」的論證。

十七世紀哲學家巴斯卡 (Blaise Pascal, 1623–1662) 針對神存在問題提出一個很實用的論證，他認為，雖然我們很難從理論的角度判定神是否真的存在，但是，當我們思考是否要相信神存在的決定時，卻可以發現，有一種決定是較好的選擇，就是相信神存在。為什麼呢？

讓我們把是否相信神存在當作是一個賭局，就好像在賭俄羅斯

輪盤中思考賭大或賭小一樣。如果我們賭神存在，我們將會去實踐
神的旨意，那麼，如果神真的存在，我們可能會在人生中大贏，贏
得未來回到天堂樂園的永生權利。萬一神不存在，我們只不過損失
了人生中的一點小樂趣，和天堂樂園的獎勵相比，這只能算是小輸。
相反的，賭神不存在卻不可能大贏，因為就算神真的不存在，在任
意吃喝玩樂的情況下，也只贏得了一點人生中的小樂趣。但這樣的
賭注，卻有可能大輸，因為萬一賭輸了，神事實上存在，那我們就
輸掉了前往天堂樂園的永生機會。所以，從這個角度來看，賭神存
在是一個比較好的選擇。讓我們看下列表格來說明這個情況：

	實際上神存在	實際上神不存在
賭神存在	大贏	小輸
賭神不存在	大輸	小贏

　　這個表格左邊代表賭注，而上方代表可能的實際情況，右邊四
格則代表賭注的結局。贏得永生是大贏，而損失一些生活樂趣也只
能算是小輸而已。反過來說，輸掉永生是大輸，而贏得一些生活樂
趣也只能算是小贏。那麼，依據這個論證推理，其結論就是：「賭神
存在有可能大贏，但不可能大輸；而賭神不存在有可能大輸，但卻
不可能大贏。」在這種情況下，賭神存在才是最理智的抉擇。
　　在巴斯卡的時代，有信仰者基本上大多只是信仰基督宗教，所

以，對他而言，只有信仰基督教神以及沒有信仰兩個選項。如果只有這兩個選項，那麼，在依據《聖經》教義「只有信仰者能夠獲得永生」的考量下，這個論證算是很有說服力的。雖然他並不保證神的存在，但從個人信仰的抉擇來說，應該是一個很好的理由。

但是，如果我們考慮多個宗教，例如把佛教、道教都考慮進去，那麼，選擇相信基督教神存在是否還能夠不會大輸呢？也就是說，萬一基督教神是錯的，而佛教才是正確的，那這樣的選擇是否會喪失成佛的機會而導致嚴重損失了呢？這就有待思考了。但無論正確的宗教是哪一個，或是根本沒有神、佛的存在，我們可以從類似的論證推出「有信仰比沒信仰還要更好」。因為有信仰可能大贏，而沒有信仰卻有可能大輸。從這角度來看，這樣的結論是很合理的。

第二個有趣的論證常被非教徒拿來攻擊基督教徒的全能神概念，這個論證有很多版本，最常見的是：「全能的神是否能夠創造出自己搬不動的石頭？」

在基督教的教義裡，神被認為是全能的。全能的意思當然就是無所不能，就是什麼都能辦到的意思。那麼，全能的神可否造出一個自己搬不動的石頭？如果神無法造出一個自己搬不動的石頭，那麼，神就不是全能的。如果神可以造出一個自己搬不動的石頭，那麼，存在有神搬不動的石頭，這麼一來，神也不是全能的。所以，無論神是不是可以造出這樣的石頭，神都不是全能者。

其實我們可以造出許多類似這樣的論證，例如，神能否造出自

己進不去的空間？神是否能夠創出自己都解不開的數學難題？把神的全善屬性加進來後，我們也可以問神能不能做壞事？如果不能則非全能，如果能則非全善？所以全善與全能不能同時作為神的屬性。另外，基督教也認為神是永恆的，那麼，我們也可以問，神能不能讓自己不再存在？如果不可以則非全能，如果可以則非永恆。

這些類似的論證有一個共通特點，就是使用了邏輯的三大基本定律之一的「排中律」(The Law of Excluded Middle)。邏輯三大基本定律為，同一律 (The Law of Identity)、矛盾律 (The Law of Contradiction) 與排中律。同一律是說，當我們在談論一個東西或一件事情時，它是保持不變的，從推理的開始到推理的結束，一個事物就是它自己，它不會變來變去的。矛盾律是說，矛盾是不可能存在的，一個命題不能同時為真也為假，如果一個命題為真，它就不可能為假，相反的，一個命題如果為假，它就不可能為真。排中律則是說，如果一個命題不是真的，則它就是假的；反過來說，如果一個命題不是假的，則它是真的，不存在有非真非假的命題。排中律主張不存在有非真非假的命題，而矛盾律主張不存在有既真又假的命題。這是它們不一樣的地方。那麼，讓我們先來分析這個論證：

1. 如果神可以製造一個自己搬不動的石頭，則神非全能。
2. 如果神不能製造一個自己搬不動的石頭，則神非全能。
3. 神可以製造，或者不能製造一個自己搬不動的石頭。

4.因此，神非全能。

前提三就是依據排中律而形成的前提。若我們完全由邏輯的眼光來看，這個推理是沒有問題的，這論證的確是個有效論證。但問題就在邏輯規則的應用上，當其應用在「全能」時，就會發生問題。

我們可以先問一個問題，「神有沒有可能既不是可以製造亦不是不能製造一個自己搬不動的石頭。」也就是違背前提三的排中律。這似乎是不可能的，因為它「不合邏輯」。問題就出在這「不合邏輯」上。我們可以再問：「神的全能是否包括能夠違背基本邏輯規則？」如果可以，前提三為假，則上述的推理對神不適用，因為神的能力超過邏輯的討論範圍。如果不行，則我們定義中的神早就不是全能了，由這定義推理出神不是全能似乎就沒任何意義了。

這個推理本身沒有錯，錯的地方在於邏輯的應用。邏輯無法恰當的應用在關於「全能」的討論上。「全能」這個概念超過了邏輯的討論範圍。因為「全能」隱含了可以違反邏輯三大定律的可能性。如此一來，如果真有全能的存在，那麼，它是超過邏輯的掌握範圍的。

當然，我們也可以說，凡是有可能違反邏輯基本定理的，都是錯的，或都是不存在的，由於「全能神」概念會違反邏輯基本定理，所以，全能神是不存在的。這裡就牽涉到另一個形上學問題，「邏輯基本定理只是思考的工具，還是萬事萬物必須遵循的法則？」如果

只是思考工具，我們便不能因為某些假設可能違背這些定理而主張其一定不存在。誰知道在這浩瀚的宇宙中，還有些什麼超出人類想像世界的東西存在呢？然而，如果我們把基本邏輯規則當作判定事物是否存在的基礎，那麼，我們自然是可以宣稱這種會導致邏輯矛盾的全能神是不存在的。

二、外在世界的問題

所謂的「外在世界」(The External World) 指的是一個獨立於我們認知之外的世界。也就是說，無論我們是否觀察這個世界，它都客觀的存在那裡。例如，當我走進一個無人的教室之前，那些桌椅都安靜地在裡面，它們客觀的存在著。即使世界上所有觀察者都消失了，客觀世界仍然繼續存在。這樣的觀點似乎是大家的常識，難道還能不是這樣嗎？那麼，為什麼會有這個疑問呢？

如果我們運用笛卡兒的懷疑，先將一切我們自以為是對的東西拋棄，然後重新尋找這些事物的存在證據，那麼，我們將會遇見一個難題，「如何可能證明外在世界的存在？」笛卡兒藉由證明神的存在之後，再藉由神不會騙人，來保證外在世界的存在。但這樣的證明基本上還必須建立在對神的信仰上，否則很難具有理智上的說服力。那麼，我們是否有其他方式可以證明呢？

另一個相關問題是，假設這樣的客觀外在世界存在，那麼，我

們如何知道我們關於外在世界的知識，就是對外在世界的真實描述？事實上，我們的認知都是某種程度主觀的，我們並不具有完全客觀的知識。例如，我們眼中看見的樹，在狗的眼中可能就不一樣，在蜻蜓的眼中更不同，在某些外星人的眼中說不定是一堆分子的組合。那麼，到底怎樣的知識才算是客觀的？其實，只要是「知識」就不會是絕對客觀的，因為，要形成知識必須有個形成知識的認知系統，依據該認知系統來瞭解某個東西，就是相對主觀於該系統，只要系統改變了，知識就跟著改變。那麼，即使這種絕對客觀的外在世界真的存在，我們也無法認識它。

然而，如果我們無法確定我們的知識就是對外在客觀世界的真實描述，那麼，我們又如何確定這樣的外在世界存在？所以，我們可以質疑，外在世界真的存在嗎？我們有什麼方法可以證明它的存在或是不存在呢？

主張外在世界存在的哲學理論稱為「實在論」(Realism)；而認為外在世界可能不存在，真正存在的不過是一堆我們可以知覺到的現象而已，這樣的觀點稱之為「現象論」(Phenomenalism)。柏拉圖和亞里斯多德都屬於實在論者，只不過他們心目中「實在」的世界是不同的，一個是在觀念界的實在，一個則是主張現實世界的實在。

如果沒有特別的理由，基本上我們都會是實在論者，因為從眼前看得到、摸得到的東西來說，就算有些是幻覺、或是錯覺，總有些是真實存在的吧。除了我們很難證明它們的存在之外，我們有什

麼好的理由來懷疑這些事物呢？桶中之腦論證 (The Brain in a Vat Argument) 提供一個很好的懷疑想像。

三、桶中之腦論證

二十世紀哲學家普特南 (Hilary Putnam, 1926–2016) 提出了一個論證主張我們沒有任何可信賴的感官知識，因此，我們所認識的外在世界有可能都是虛構的。

首先，假設有一個瘋狂科學家，在我睡覺時把我的腦取出來，放在一桶培養液裡。而後將我的大腦神經接線連到一臺電腦上。這臺電腦將一些設定好的訊號傳送給我的大腦，於是我的所有感官感覺都不是來自真實的世界，而是來自這部電腦預先設好的訊號。假設，這些訊號很完美一致，無法發現有任何奇怪或矛盾之處，例如，當我「看見我的手摸到牆壁時」，亦同時產生「手摸到牆壁的觸覺」。在這假設下，我便無法藉由任何感官訊號來判斷自己是不是這樣的桶中之腦。那麼，我就無法確認我所認識的世界是否真的存在。這個論證可以描述如下：

1. 如果我可以知道眼前的電腦存在，則我知道我不是桶中之腦。
2. 但是我無法知道我不是桶中之腦。
3. 所以我不知道眼前的電腦真實存在。

　　事實上，只要我能夠相信任何感官提供的資訊，我就可以確定我不是桶中之腦。所以，讓我們用符號 P 代表任何可以確定的感官知識。那麼，我們可以把上面的論證改為：

　　1.如果我確實知道 P，則我知道我不是桶中之腦。
　　2.但是我無法知道我不是桶中之腦。
　　3.所以我無法確實知道 P。

　　因為 P 代表所有可能的感官知識，所以，我們可以推論出，我們沒有任何可信賴的感官知識。既然沒有任何可信的感官知識，而我們對於世界的認識完全來自於感官知識，那麼，我們就可以推論出，「我們對世界的一切認識都可能是錯的。」那麼，這世界也有可能根本就不存在。因此，我們只能確認有各種關於世界的「現象」存在，而這些現象是否來自於一個真實的客觀世界，我們無法確認。所以，從這個論證來看，現象論是比實在論更為保守且更具有可靠性的觀點。

　　事實上，多數人看到這個論證的第一個反應是，「人類目前根本沒有這種科技，這個論證的基本假設就不可能了，所以，我們根本不需擔心這個問題。」問題在於，當我們要做這樣的推論之前，我們必須能夠有別的理由來確定我們現在真的不是桶中之腦。如果我們實際上是桶中之腦，那麼，對於「現在沒有這種科技」的想法則

是來自於瘋狂科學家輸入給我的訊號，這樣的想法根本沒有信賴的價值。所以，除非我們能先確信自己不是桶中之腦，否則，我們就難以確認這個世界以及各種對世界認識的真實性。

四、唯名論與唯實論之爭

柏拉圖認為，「抽象觀念」（或稱其為「共相」(Universal)，亦即事物共同的特徵）是客觀且實際存在的，存在於觀念界裡面。而現實世界的事物反而是虛幻的。但他的學生亞里斯多德反對這個看法，認為現實世界的事物是真實的，而觀念才是人心藉由抽象作用才形成的想法。

這個爭論到了中世紀末期形成一個唯名論 (Nominalism) 與唯實論（Realism，唯實論和實在論的英文相同，但意義不盡相同）的論戰。靠向柏拉圖的唯實論認為，觀念是實際存在的，比現實世界更真實，而且屬於我們的先天知識。這個思潮到了文藝復興時代成就了理性主義的觀點。而靠向亞里斯多德的唯名論則認為這些抽象觀念只不過是名詞而已，沒有什麼實際上的存在性，這樣的觀點較接近於經驗主義的思潮。

兩者皆具有合理性，也都無法證明，其理論優劣很難分出勝負。而站在不同的立場，往往導出不同的哲學體系。然而，當兩者解釋力相當時，依據奧坎剃刀原則，獲勝者將會是做較少存在假定的唯

名論。

　　有另一種統合性的理論稱為「概念論」(Conceptualism)，由中世紀哲學家阿伯拉德 (Pierre Abelard, 1079-1142) 所提出，主張這些被稱為共相的抽象觀念是存在的，但是由概念的方式存在於我們的大腦中，而使我們可以用語辭去把握它，以及思考它，但並不具有像柏拉圖觀點一般的客觀實在性。這個觀點實際上比較靠向唯名論，反對抽象觀念的實在性。

　　如果這些客觀觀念並非實際存在，那麼，對於像是笛卡兒一般企圖從我們思想中的「神的觀念」來證明「神存在」的思考路線來說，會是一個很大的問題所在。或許這也是為何這個問題可以在當時糾纏許久的因素之一。到了現代，其實已經很少哲學家屬於唯實論者了。當然，這不表示唯實論就一定不會在未來有翻身的一天。

問題與討論

1. 賭博論證可以應用到日常生活中的哪些地方呢？試舉例說明。（例如，我不知道我未來夢想會不會實現，但如果我相信我未來夢想會實現，我就會努力，那麼就有成功的機會。如果我不相信未來夢想會實現，那我就不會努力去奮鬥，就不會有成功的時候，因此，相信自己未來夢想一定會實現是比較好的賭注。）

2. 我們是否有比較好的理由來主張外在世界是真實存在的？

3. 二十世紀哲學家羅素 (Bertrand Russell, 1872–1970) 認為，「我們無法排除『這個世界是神在十五分鐘之前創造的』這個可能性。」真的是這樣嗎？請嘗試尋找證據來證明這個世界的歷史是超過十五分鐘的。

4. 試把桶中之腦論證想成是一種很先進的線上遊戲，整個世界實際上只是個虛擬世界，我們都是這個線上遊戲的玩家。這是否可能呢？有沒有什麼理由可以否定這種想法？

5. 試著想像一種情況，當人們的知識有哪些進展或是改變時，唯實論會有翻身的機會？

第八課

知識論

　　即使我們已經訓練出一個很強的推理能力，我們仍然需要前提來推理。前提的可靠與否，仍然關係到我們是否可以獲得一個可靠的結論。可靠的前提就是已知的知識，而從推理獲得的結論就是新的知識。可靠的知識協助我們推理出可靠的結論。有了豐富的知識，我們便能夠以更開闊的眼光看世界。但問題在於，我們如何判斷這些作為前提的知識的可靠性？

　　基本上，我們認為科學知識是最可靠的，藉由反覆的科學實驗如果都能得出相同的結果，那麼，我們認為我們獲得了一個科學證明，也就是獲得了一個科學新知。然而，科學知識也不斷的被推翻重建，即使最被信賴的科學知識，也都還可能有其錯誤之處，我們日常生活中的知識到底有多少值得信賴的成分呢？如果我們曾經在很有信心的情況下誤信了錯誤的知識，那麼，當我們之後又很有信心的相信某想法時，我們如何能夠確定這次的確沒問題？

　　在知識的問題中，值得再商榷的不僅僅關於我們的知識是否可信，還包括我們是否有值得信賴的方法獲取知識，而且也還包括我們是否能夠將我們有的知識正確的傳遞給別人。

　　古希臘哲學家高爾吉亞 (Gorgias, 487 B.C.–376 B.C.) 說：「如果世上有任何事物存在，我們也不可能具有瞭解它的知識；就算真的可以有知識，我們也無法將知識傳遞給別人。」第一句話主要是想指出，客觀事物與用以認識它的人心是兩種不同的東西，既然不同，兩者如何接軌呢？第二句話要說的是，人心與人心之間的溝通也是不可能的，因為我們的知識大多來自感官知覺，但感官知覺卻是無法溝通的知識，例如，當某人說他很「快樂」時，我們自認為瞭解他想表達什麼，但是我們如何確定他心中所想的真的和我們一樣呢？

　　所以，高爾吉亞指出了知識論中的兩大難題，第一是知識通往本體的道路；第二則是人與人之間的知識交流問題。那麼，在繼續說明之前，讓我們先思考與討論下列幾個問題：

1. 假設桌上有一枝筆，我們可以認識這枝筆的各種性質。例如，顏色、硬度、種類、長短。請問這些知識是否有可能是錯的？
2. 假設有一個人從小看見的顏色剛好和一般正常人紅綠對調，當正常人看見紅色時，他看見綠色；反之當正常人看見綠色時，他看見的則是紅色。在何種情況下，我們可以發現這件事實？
3. 作為笛卡兒知識定點的「我在」（思維主體的存在），是否真的是一定不可被懷疑，且一定不會錯的？「無我」是不是也是有可能的呢？

4. 對各種知識的懷疑有什麼好處？把這種懷疑精神放到做人處事方面，有何優缺點？例如，懷疑所有人都有可能是壞人；或是懷疑所有約定都可能是騙局？那麼，懷疑精神應該如何用在人際關係中呢？

一、我們是否能夠認識客觀外在世界？

在討論形上學時，我們思考了外在世界是否存在的問題。在這裡，我們要思考的是，「如果外在世界真的存在，我們是否能夠認識它？」

首先我們要注意到的一點是，我們透過感官來認識外在世界，但是，我們的感官所產生的感覺知識並非真正屬於這個客觀世界的。例如，客觀世界似乎沒有所謂的顏色，只有不同波長的光波。這個世界其實沒有氣味，只有各種不同的分子在空氣間雜亂的運動。這個世界沒有冷熱，只有空氣間分子的不同運動速度。我們的感官知識似乎並不是真正關於這個世界的知識。

從這個角度來說，經驗主義哲學家洛克便把我們對外在世界的認識分成兩種層次，初性 (Primary Quality) 與次性 (Secondary Quality)。初性代表著物體本身的性質，像是長度、質量、速度；而次性則是我們藉由感官對外在世界的認識，像是綠色、冷、香味。

依據這個區別，洛克認為，我們對物體初性的認識，就是真正屬於外在世界的知識。這個主張稱為「間接實在論」(Indirect Dualism)。意思是說，我們雖然不是直接透過感官認識真實世界，但經過對感官知識的反思之後，我們便能瞭解客觀世界了。

　　然而，這些像是波長、分子運動的物質初性就真的是客觀世界了嗎？從經驗主義的角度來說，「一切知識都來自於感官經驗」，那麼，即使是初性，也是由感官知識而來，那麼，這樣的知識就不會是真正關於客觀世界的知識了。因此，我們根本不能真正瞭解這個客觀世界了。

　　康德進一步的宣稱，那些真正關於客觀物體本身（物自身）的知識，是理智永遠無法把握的東西。這就是「物自身不可知」的名言。簡單的說，如果真有一個客觀的外在世界，那麼，我們根本無法認識它。

　　這是屬於從主觀知識到客觀世界的認知鴻溝，這個障礙顯示知識通往本體的道路是被封閉的，然而，這個鴻溝無法跨越嗎？還是我們對外在世界的定義根本就有問題了呢？

　　到了現代，有些稱為「直接實在論」(Direct Dualism) 的哲學家認為，這個問題在於我們對「客觀」的定義錯了，主觀與客觀其實只是比較上的差別而已。愈少的主觀就愈客觀。沒有所謂「絕對客觀」這種東西。如果我們把外在世界定義成一個絕對客觀的世界，那這樣的定義就自然切斷了任何主觀認知可能達到的目標了。整個

問題就在於，我們根本不該把世界當作是一個絕對客觀的世界，而且實際上，也沒有所謂的「絕對客觀」這種東西，因為所有的認知一定是相對主觀的，只要把這個「絕對客觀」的概念去除掉，那麼，我們當然可以認識外在世界。而且外在世界就如我們感官知覺所看到的一樣存在著。然而，也有許多哲學家不同意這種修正後的對世界的定義。這個問題仍在思考與研究之中。

二、他心問題與逆反感質問題

「他心問題」 (The Problem of Other Minds) 指的是我們很難確認別人是有心靈的，因為，我們知道自己的心靈是透過一種內心的直觀，但是，我們無法用相同的方式來知道別人的心靈。我們通常是利用類比的方式來瞭解別人。由我們自己內心與行為的關聯性，解讀別人的行為背後也具有類似的心靈狀態。例如，我難過時會流淚，因此當我看見別人流淚時，就瞭解了對方內心的難過感受。當然，這種思考方式的正確度或許很高，但不保證一定如此。是否有更好的方法可以確認別人也是有心靈的呢？我們需要更好的理由來確認關於「他人有心靈」的知識是正確的。

即使別人真的有心靈，這個心靈是否跟我類似呢？如果不同，我們能否發現到這些不同點？「逆反感質問題」要說的是，某些心靈性質的不同，是我們幾乎沒辦法察覺的。

所謂「感質」(Qualia) 指的是我們心中的主觀感覺。例如，看到紅色的東西，我們心中會出現一種紅色的感官知覺，這種感覺，就叫做紅色的感質。假設某個人天生的紅色感質和綠色感質對調，例如，看到紅色東西產生綠色感質，看到綠色東西產生紅色感質，那麼，我們是否能夠發現他和我們一般人的不同呢？

基本上，我們不可能發現，因為，從小這樣的人就會稱呼綠色感質（紅色事物）為紅色，而產生紅色感質時（也就是看到綠色事物時）會叫它綠色，這和我們一般正常人是完全一樣的，所以，即使這樣的人真的存在，我們也無法發現。

那麼，假設有個人的內在感質和其他人完全都不一樣，屬於另一種我們都沒有經驗過的感質，那麼，我們是否會知道呢？甚至，假設所有人的內在感質沒有一個是相同的，甚至沒有一個是類似的，例如，每個人的痛都是完全不同的感質類型，我們是否能夠發現呢？

依照目前我們對心靈的知識程度來說，就算這是事實，我們也無法發現這種情況。也就是說，我們對他人心靈狀態的瞭解有可能是完全錯的，但卻處於一種即使是錯的，也不可能知道其錯誤的情況。簡單的說，這是因為我們無法直接觀察別人的心靈，以及無法將主觀感質客觀化所造成的知識上的困局。目前還難以找到解決這個問題的方法。

三、基礎論

只要常常反思我們的知識，便可以發現，許多我們原本以為理所當然的、確定不移的知識，在仔細思考後，還是很難站在一個穩定的基礎上。於是，如同笛卡兒的企圖，我們是否可以站在一個更好的知識基礎來思考與解答各種問題呢？這樣的嘗試，逐漸形成了一種知識論上的基礎論 (Foundationalism) 觀點。這個觀點認為，知識的可靠性是一層一層疊上去的，下面的一層提供上一層可靠性的基礎，而所有知識依據最底層的知識，最底層的知識則其本身就是可靠的，完全不需要依賴其他知識的支持。

笛卡兒將「我在」作為所有知識最基本的定點，然後從「我在」（一個思考主體會懷疑的不完美存在狀態，但又具有完美觀念）導出其他最初的知識（例如，完美來源的上帝存在），並且（從上帝存在且不會騙人為基礎）找到一個標準，只要在內心裡面是屬於最清晰、明瞭的觀念 （就像世界存在與邏輯定理），就可以作為知識的基礎。

然而，有些哲學家並不認為「我在」是無法懷疑的，例如，我們甚至可能寫出一個自以為自己會思考的機器人程式，然後這個機器人也認為我思無法懷疑，故證明其心靈（思考主體）的存在。在這樣的情況下，這個程式就真的是心靈程式了嗎？還是說，其實它

還不能算是一種心靈呢？

又有哲學家認為，就算我們無法懷疑思考主體的存在，那麼，我們也只有這一個無法懷疑的知識，我們無法藉由它導出其他的知識，因此它無法作為知識的基礎。也就是說，如果依據知識的高標準來看，從「我在」到「神的存在」的推理是不能成立的，但笛卡兒使用最高標準獲得「我在」的知識後，其標準突然降低而導出「神存在」。也就是說，在構作一個好的知識基礎方面，笛卡兒的嘗試算是失敗的。

在笛卡兒之後，這個尋找可靠知識基礎的問題變成了熱門問題，而且發展出幾個非常有用的專門詞彙可以更清楚的探討這個問題。我們現在要介紹幾個相關的專門術語：「分析命題」（Analytic Proposition）、「綜合命題」(A Posteriori Proposition)、「先驗知識」(A Priori Knowledge) 與「後驗知識」(A Posteriori Knowledge)。

首先，我們先來說明先驗知識與後驗知識的差別。「驗」指的是經驗，例如，我們可以用我們的五官來接收外界的訊息，這些接收的訊息無論是顏色、聲音、冷熱、和酸甜都會成為我們的經驗，藉由這些經驗我們可以認識這個世界。

先驗知識的意思就是「先於經驗的知識」，也就是說，這種知識不是來自於經驗。而後驗知識的意思其實就是指那些「由經驗獲得的知識」，或說「有經驗之後才可能會有的知識」。在此有個容易誤解的地方，這裡所謂的先後並不一定是強調時間上的先後，而主要

是強調其因果關係。有人將先驗理解成天生的，與生俱來的，這樣的理解其實並不好。天生的知識當然是先驗知識，但是先驗知識不一定是天生的，也可能是後天的，但要強調的是，先驗知識並不是由經驗獲得的，而是我們不需要依靠任何感官經驗就能獲得的知識。

　　然而，真的有這種先驗知識嗎？當然，這是可以懷疑的，有一些哲學家認為先驗知識是不存在的，但是，無論它是不是存在，我們必須很精確的把握這個詞的意義。舉個例子來說，關於自我存在的直覺通常不是與生俱來的，我們剛出生時可能根本沒有自我的概念，而必須長大到一定的程度這種直覺才逐漸形成，而且這樣的成長可能並不是由後天經驗所造成。那麼，這種直覺似乎就是一種非天生的先驗知識。然而，也有人主張，這種關於自我的知識也是由經驗獲得的，所以，這方面還是有爭議的。

　　那麼，在瞭解了先驗知識與後驗知識這兩個詞之後，我們來看看，什麼是分析命題？什麼又是綜合命題呢？舉幾個例子來說：

1. 櫃檯小姐是女性。
2. 仁是儒家思想的核心。
3. 雪是白的。
4. 白雪是白的。
5. 五加三等於八。
6. 早安！

在這六個句子中，第一和第四是分析命題，我們可以由動詞來分割命題 (Proposition) 的前項與後項。當一個命題前項的意義完全包含後項的意義時，這樣的命題就是「分析命題」，反之，如果前項的意義不完全包含後項的意義則稱之為「綜合命題」。

以第一個命題為例，「是」為動詞，而其前項就是「櫃檯小姐」，後項則為「女性」，「櫃檯小姐」這個詞的意義已經包含了「女性」這個詞的意義了，所以，後項沒說出任何新東西，它就像是從前項的意義分析出來一樣，所以我們稱這種命題為分析命題。

命題四的前項「白雪」也已經包含了後項「白色」的意義，所以也是分析命題。但是，命題三卻不是分析命題而是綜合命題。雖然，我們都知道雪是白色的，而且不存在有非白色的雪，但是，雪這個詞本身的意義卻不包含白色，所以，後項具有前項所沒有的意義，這樣的命題就像是把具有與前項不同意義的詞，和原本前項的詞的意義綜合起來一樣，所以，我們稱之為綜合命題。

命題二也一樣，前項「仁」這個字的意義並不包含「儒家思想核心」，所以是綜合命題。第六個句子沒有真假值（無法說它為真或為假），所以它根本不是一個命題（「命題」簡單的說就是「有真假值句子的意義」，所以，沒有真假值就不是命題），當然也就不可能會是分析命題或是綜合命題了。

分析與綜合命題的一個簡單的判斷方法是，我們可以把命題的動詞從肯定句變否定句，或從否定句變成肯定句，改變之後，如果

命題前後項自相矛盾則為分析命題，否則為綜合命題。例如，「白雪不是白的」或「櫃檯小姐不是女性」，這兩個命題都自相矛盾，如果不是女性的櫃檯員就不能叫做櫃檯小姐，而是櫃檯先生了。

相反的，當我們說，「仁不是儒家思想核心」或是「雪不是白的」，這兩個命題的真假值或許為假，但是，它們並沒有自相矛盾，說不定某個星球真的會降下七彩的雪花，那時，我們就可以說「雪不是白的」，但是，我們還是不能說，「白雪不是白的」。也說不定哪一天真的有人會發現仁其實不是儒家思想的核心。

那麼，我們還沒有討論到的第五個命題到底是分析的還是綜合的？這是一個很重要的問題，這涉及到我們是否可能從不會錯的知識基礎建構起我們的知識系統。但是，在討論這個命題之前，我們必須先討論這兩種命題和這兩種知識的關係。

一般來說，所有分析命題都是先驗的，也就是說，我們不需任何經驗就可以學會分析命題而形成先驗知識，而且分析命題必然為真。一般也認為所有綜合命題都是後驗的，而且是有可能為假的。也就是說，（只要不使用笛卡兒超高標準的懷疑方法）分析命題是值得相信的命題，而綜合命題因為是依賴經驗的，而經驗是可能會錯的，所以，所有綜合命題都不一定為真。如果真是如此，那麼，我們就可以獲得一個結論，「用以建構知識可靠性的最基礎知識是不存在的」。為什麼會得到這樣的一個結論呢？

知識的基礎不僅僅必須是不會錯的，不可懷疑的，而且還必須

能夠作為其他知識的可靠性基礎。分析命題是不會錯的，不可懷疑的，但是，因為其後項走不出前項所包含的意義，所以，知識不可能增加，那麼，分析命題永遠關在自己的意義世界裡面導不出其他知識，這麼一來，分析命題和綜合命題是截然分割的，它們之間沒有互通的橋樑，知識無法由分析命題擴展到綜合命題。

作為一個知識的基礎，必須要像是綜合命題那樣可以產生新的意義，才能擴展知識的領域，但是，如果綜合命題都是後驗的，那麼，它們都是有可能會錯的，這麼一來，它們也無法作為可靠知識的基礎。除了先驗分析命題和後驗綜合命題之外，是否還有其他類型的命題可以考慮用來作為可靠知識的基礎呢？

四、康德的先驗綜合命題

十八世紀哲學家康德認為有一種命題可以作為所有知識的基礎，他稱這種命題為「先驗綜合命題」(Synthetic A Priori Proposition)。康德認為在前面的例子五就是這種命題。康德認為，我們用所謂的先天認知架構來認識這個世界，例如，每一個人天生就有時間與空間觀，這種觀點不是後天經驗造成的，而是先天的認知架構。又例如，我們雖然看不見任何事物的因果關係，而只能觀察其前後關係，但是，我們自然而然用因果關係去解釋某些現象，而這些都來自我們天生的認知架構，而認為凡事必有因。

　　康德認為基本算術能力也是這種架構下的產物，小孩在學算術之前其實都已經在某種程度上有算術能力了。所以，依據這些基本的認知結構所產生的命題並不是依賴經驗而產生的，或說是先於經驗的，那麼，就像是命題五一樣，這種類型的命題就稱為先驗綜合命題。因為它是先驗的，所以它是不會錯的，因為它是綜合的，所以可以用來作為擴展知識的基礎，這麼一來，我們就找到了可靠的知識基礎了。

　　藉由上面的哲學問題，康德提出了一套哲學理論來解決這些問題，雖然這是知識論史上的一大突破，但隨即而來的，就是這個理論所要面臨的挑戰。先驗綜合命題真的是不會錯的嗎？先驗綜合命題如何擴展到後驗綜合命題而且又能保證其正確性？更大的挑戰是，先驗與後驗的區隔真的沒問題嗎？分析與綜合命題的區別也真的沒問題嗎？康德之後的哲學家們在這些問題上討論許久，在更深入探討之後，發現這個理論本身問題還很多，甚至，有一些哲學家主張，我們的知識根本就不是建構在所謂的基礎知識 (Basic Beliefs) 之上，知識是一種互相支持的融貫系統，這看法導致哲學史上的一個大論戰，即所謂的基礎論與融貫論 (Coherentism) 之爭。

五、基礎論與融貫論之爭

　　基礎論主張我們的知識建構在所謂的基礎知識的基礎上，藉由

這些基礎知識再一層一層的往上建構。這樣的系統其實就像是數學或是邏輯系統一樣，先有基本的設基為基礎知識，再由這些基礎知識推出其他知識。在日常生活中，我們也可以發現這樣的結構，我們可能相信某些事實，例如，雪是白色的；樹葉是綠色的。再由這些事實推理出雪和樹葉的顏色不同。這樣的結構的確存在於我們的知識系統裡面，但是，我們的整個知識系統真的都是建構在這樣的體系下嗎？

我們可以問主張基礎論的人一個問題，那些作為基礎的知識有沒有可能會錯？如果我們將感官經驗所獲得的知識作為基礎知識，那麼，我們可以問感官經驗是否可能出錯？如果我們將基本邏輯規則作為基礎知識，我們可以問這些規則有沒有可能錯。如果這些知識不可能錯，我們可以進一步的問這些不會錯的知識可否作為建構一切知識的基礎？即使康德提出的先驗綜合命題都是屬於這種不會錯且可以進一步支持其他知識的基礎知識，但數量也太少了，不足以導出所有知識，尤其無法確認感官知識的可靠性，而感官知識又是絕大多數知識的來源，這是基礎論最大的困難。

因此，有另一種基礎論主張，基礎知識也是可能錯的。這樣的主張帶來一個麻煩，也就是，在什麼樣的情況下，我們可以判定基礎知識錯誤？如果有更基礎的知識來決定其對錯，那麼，這些會錯的知識就不是基礎知識了。如果依據非基礎知識來判定基礎知識錯誤，那麼，這就不是基礎論的知識架構了。這麼一來，基礎論還是

無法成立。

融貫論 (Coherentism) 就在這種時機中嶄露頭角，因為融貫論不會遭遇這樣的問題。融貫論主張，所有的知識互相支持而形成一個知識網，由整個知識網的依存關係（或融貫程度）來判定一個信念的對錯。所以，在融貫論中，沒有所謂的基礎知識，所以也沒有基礎知識的問題。所有的知識互相支持而形成一個自圓其說的系統。

但是，融貫論卻有其他的問題。例如，依據融貫論，當我們說一個信念正確的時候，這意思是說，這個信念與整個知識網相容，但是，我們卻有可能造出另一個知識網和該信念的反面相容，那麼，到底誰才是正確的？也就是說，當有兩個自圓其說的系統互相衝突時，我們如何分辨對錯呢？另一個問題在於，這樣的知識網是如何建立起來的？我們不是突然之間學會了整個知識網，我們的知識是一點一滴獲得的。融貫論的主張似乎與我們的學習過程不合。這個爭論其實還沒有具體的共識，屬於仍在哲學界爭論中的問題。

問題與討論

1. 假設有一個人天生的味覺和嗅覺對調，當一般正常人感覺到「香」時，他覺得「甜」；而一般人覺得「苦」時，他感覺到「臭」。試問在何種情況下，我們可以發現這件事實？

2. 試想，如果外在世界不存在，我們目前對外在世界的各種認識是從何而來？

3. 我們是否可以直接使用感官經驗所獲得的知識，作為基礎論的基礎知識呢？

4. 針對一個爭議中的問題（例如，死刑存廢的問題），試著提出理由來支持某一方的主張（例如，應該或不該廢除死刑），並且追問這些理由的可靠性何在。完成後，試著分析，這樣的主張屬於「基礎論」或是「融貫論」？

5. 對一個教徒來說，如果想要證明自己的宗教信念是可靠的，那要依據基礎論比較容易，還是依據融貫論比較好呢？

第九課

科學哲學

　　十九世紀哲學家孔德 (Auguste Comte, 1798–1857) 把人類知識的進化分成三個等級：宗教、形上學，以及科學。從知識獲得的方法上來看，則是信仰、推理，以及實證。

　　在人類最早期，透過巫師或是傳說，人們開始有了信仰，以及宗教，用信仰來解釋萬事萬物。然而，當人們理智能力開始主導知識的發展後，對某些不合理的宗教信仰開始排斥，進而依據推理的方法，產生出對萬事萬物的合理解釋，這也就是用哲學來獲取知識。最後，在各種獲取知識的方法中，人們發現一種最值得信賴的方法，就是科學的實證方法。從此，人類社會進入了科學時代。

　　那麼，當我們進入科學時代之後，是不是就可以把宗教與哲學拋棄了呢？的確有學者保持這樣的觀點，但也有許多反對者。因為，從其他角度來看，宗教與哲學仍各具有科學所無法取代的優點。而且，我們不像十九世紀的人們沈醉在科學突飛猛進的震撼中，我們可以比較冷靜且客觀的分析科學本身的價值。其實，在真理的追求中，科學雖然是目前最令人信服的研究方法，但並沒有想像中來得這麼有說服力。而這個部分，也就是「科學哲學」(Philosophy of

Science) 企圖去探索的主要領域之一。那麼，讓我們先思考與討論幾個問題：

1. 何謂「科學知識」？請舉例說明。
2. 科學研究方法為何？如果科學要證明「氣功可以治療感冒」，以及「人死後有靈魂繼續存在」，該如何證明？
3. 是否記得任何科學研究成果後來被推翻了？請舉例說明。
4. 既然科學研究成果有可能會被推翻，這表示被科學方法證明的知識仍然有可能會錯，為什麼科學實證過後還會錯呢？
5. 我們是否有更好的理由相信目前的科學知識是不會錯的？

一、科學與真理

藉由反覆的科學實驗，如果都能得出相同的結果，那麼，我們認為我們獲得了一個科學證明，也就是獲得了一個科學新知。例如，當一個人頭痛的時候，無論哪一種頭痛，如果我們給這個人吃一種特別的草，這個人的頭痛就會馬上消失，我們反覆的做這個實驗，都得到相同的結果，那麼，我們就可以得出一個結論，「吃這種草可以治療頭痛。」如此一來，我們就藉由實驗的方法獲得了新知。這樣的新知似乎很有說服力，它應該就是事實了吧。但是，事情沒這

麼簡單，這有可能只是因果上的巧合而已。例如，真正有效的並不在於「吃」，而在於「聞」，只要聞到這種草的氣味就可以治療頭痛，或甚至是味覺與觸覺；或是草必須在某種心情（像是不開心）吃才有效，而碰巧頭痛的人都處在這種心情下。因此，我們還必須知道這種草為什麼可以對頭痛有效的因果連結，這才算是真正掌握這個科學新知。

但是，在討論（目前較被認同的）經驗主義時有談到，經驗主義主張一切知識來自於感官經驗，而且，經驗主義者休謨也發現了，我們根本不可能有關於因果關係的感官經驗，那麼，在這種情況下，我們怎麼能夠確認草與頭痛之間的因果連結呢？如果說，這種確認的步驟才是獲得真理的終點，那麼，我們甚至可以說，科學是不可能達到真理的終點的。

也就是說，雖然科學的目的是在追求真知，但是，遺憾的是，科學方法還不足以讓我們可以發現真理。依據二十世紀哲學家波伯 (Karl Popper, 1902–1994) 的觀點，科學的進步只能讓我們的知識趨近真理，而無法到達真理。即使是科學，也似乎沒有確認客觀世界真相的能力。

二、唯名論與唯實論的科學

在前幾課，我們討論到哲學史上著名的唯名論與唯實論之爭。

爭的是,「抽象觀念究竟是不是真實存在的?」唯名論以及和其相近的概念論似乎較具有說服力。認為個別事物才是真實存在的,而從個別事物的相似性找出的共相觀念,只是語詞或是概念而已,頂多存在於人心中,而不存在於客觀世界。這個結論看似合理,但是當我們討論科學的基本法則時,唯實論似乎更佔上風。

　　舉例來說,我們可以透過各種個別事物的運動,發現其有共同遵守的法則,那麼,這樣的法則也就是抽象觀念,這些法則真的存在嗎?依據牛頓 (Isaac Newton, 1643–1727) 運動理論,有質量的物體之間會有一個稱為萬有引力 (Universal Gravity) 的東西,這個東西具有「質量愈大,力量愈大;以及距離愈遠,力量愈小」的特性,這樣的一個法則是抽象的、普遍的,但是,它是否真實存在呢?也就是說,客觀世界究竟是否存在一種可以稱之為「萬有引力」的東西以及其所遵循的法則?

　　事實上,無論是行星運行的現象,或是蘋果掉落的證據,都不能直接支持萬有引力的存在。萬有引力的存在只是一種針對那些觀察證據的「說明」。即使科學實驗都沒有問題,科學理論還是有可能有問題,問題出在於我們如何去說明實驗證據。某些科學思想尚未萌芽的文化裡,如果他們發現行星運行的現象,他們或許會用其他的方式說明,例如,「行星之間的關係和人與人之間的關係類似,距離太近會有碰撞,距離太遠就會愈來愈生疏,必須保持好一個適當的距離,這樣才能天長地久。而我們所有觀察到的科學證據也大都

能支持這樣的說明。」那麼，我們如何衡量哪一個才是正確的？又哪一種說明才能反映真實世界呢？

在物理學裡面，有一種稱之為「理論物理學」(Theoretical Physics) 的派別，認為世界的一切是可以被抽象公式所把握的，只要能夠找出這些公式，我們就可以瞭解一切。這樣的說法其實可以一直追溯到古希臘時期的畢達哥拉斯 (Pythagoras, 580 B.C.–500 B.C.)，他認為世界是由抽象的數所架構起來的。而這種認為抽象結構才是整個世界的基礎的觀點，形成了後來柏拉圖的觀念世界理論、中世紀的唯實論，以及文藝復興時代的理性主義。

當抱持這種觀點的理論物理學家在計算某些自然現象時，會把整個計算結果當作是對世界的真實描述，例如，依據愛因斯坦 (Albert Einstein, 1879–1955) 的計算，他發現時間可以看做空間的另一個維度 (Dimension)，以及空間會彎曲等等荒謬的結論。但是，結果卻找到更多的證明認為這個計算是正確的。

另外，最戲劇化的，大概算是物理學家狄拉克 (Paul Dirac, 1902–1984) 也在其數學方程式的計算中，得出帶正電的電子的解。當時認為這是不存在的東西，因為電子都是帶負電的，所以，認為一切事實都必須從實驗中證實的角度來說（這一派別稱為「實驗物理學」(Experimental Physics)），這樣的數學解其實沒有什麼意義，因為數學方程式等形式結構只是讓我們方便把握萬事萬物的工具而已，其本身並不是真實存在的東西。

這種思維角度類似於文藝復興時代的經驗主義傳統的觀點，其承繼了亞里斯多德著重在感官經驗的主張，以及中世紀的唯名論認為抽象觀念只是我們藉由各種經驗形成的想法。凡是不相信這種世界由抽象架構所組成的，就容易把這種計算結果當成是多餘無用的東西，或甚至是一種錯誤。但相信世界由抽象法則所構成的，就會去正視這種計算結果，因而發現了震撼世界的反粒子的存在。

當然，並非所有物理學相關的數學算式都有這種精彩的命運。作廢的計算結果更多，那麼，這世界真的是以抽象數學法則所構成嗎？這個類似的爭議從希臘時期到現代，雖然爭論的話題略有不同，但其核心思想卻很類似，抽象的形式觀念與個別的萬事萬物，究竟哪一種存在更具有優先性？這是一個尚未有解答與共識的問題。

三、科學革命的結構

針對科學發展過程來說，二十世紀哲學家庫恩 (Thomas Kuhn, 1922–1996) 認為，科學的發展實際上不能說是一種「進步」，而只是一種不同典範之間的轉移 (Paradigm Shifts) 而已。簡單的說，所謂科學的進步，只是讓人類換個角度看世界而已。

這個說法的確很奇怪，難道從過去到現在，科學不是突飛猛進嗎？怎麼可能沒有進步呢？從實用角度來說，科學當然是突飛猛進的，這無庸置疑，但是，從發現真理的角度來說，我們是否比古人

更接近真理了呢？這就有待思考了。

　　在庫恩的哲學中，「典範」(Paradigm) 是一個很關鍵的詞彙，它的意思簡單的說就是一個系統、或是一個觀點。不同的典範之間，無法做比較，因為如果要做比較，就必須讓兩者同處於一個更大的典範之中，但在這種情況下，它們就不再是不同的典範，而是化成相同的典範了。

　　如果歷史上不同的科學觀點（像是「日心說」(Heliocentrism) 與「地球中心說」(Geocentric Model)）都是不同的典範，那麼，我們可以說，兩者只是從不同的觀點來看世界，並沒有哪一個比較接近事實。為了說明這個想法，庫恩提出科學發展的過程。首先，在舊典範的常態科學中發生科學危機，當危機大到某種程度，而且有新典範出現可以針對此科學危機做出更好的解釋時，便會產生科學革命。而決定科學革命是否發生的因素中（也就是決定新典範是否解釋更好的判斷標準中），摻雜了許多非理性因素，因此，新典範並不見得比舊典範更接近真理。

　　舉例來說，當今科學是一個不相信靈魂存在的科學，在這個典範中，「靈魂假設」是不被接受的，所有的一切靈異現象都嘗試用物質的變化來解釋。即使解釋得不夠好，我們也會認為那是因為證據不足，或對自然世界瞭解不夠，還必須多多研究。只要瞭解夠多了，就可以把那些靈異現象解釋完全，不需要假設靈魂的存在。在這種情況下，我們可以稱這種狀態為「常態科學時期」。也就是依據已經

相信的基本假設來解釋一切相關事項的時期。

　　但是，當有更多靈異現象難以解釋時，例如，當今許多關於瀕死經驗以及兒童的前世記憶的證據似乎都指向靈魂的存在，但是，科學家們還是會盡可能堅持常態科學 (Normal Science) 的解釋，繼續用各種物理作用、巧合，或是幻覺等可接受的假設來解釋。

　　如果有一天，證據多到我們實在無力再用這種方式解釋時，也就是到了我們已經覺得現有的常態科學無法說服我們的時候，這時，科學界就會有一股反動的熱潮，開始嘗試不同的觀點，這個時期就是庫恩所謂的「科學危機時期」。也就是現有的常態科學出現動搖危機的時期。

　　在這個時期中，會有兩股力量同時在競爭，一個可能是假設靈魂存在的新典範，另一個是保持原有常態科學的舊典範，如果舊典範有了理論的突破，讓解釋力提升，終於找到合理的理由，在不假設靈魂存在的情況下，解釋瀕死經驗與兒童前世記憶等證據，那麼，科學危機就會被撲滅，回到常態科學。但是，如果做不到這點，而新典範有了理論上的突破，而且讓人覺得更有說服力，那麼，就會進入典範轉移的階段。把舊有的典範丟棄，可能包括唯物論（主張世界的一切都是物質所構成）的基本假設，或甚至客觀的基本研究方法都捨棄，採用新典範的觀點與整個解釋系統。這種情況，就是一場科學革命。

　　科學革命之後，新典範成了新的常態科學，直到針對此常態科

學的科學危機再現，則可能進入另一個循環。

　　然而，最大的問題在於，決定整個典範轉移的主要因素，並不見得是客觀真理，而是在常態科學時期以及面對科學危機時的人們的態度，整個科學社群的氛圍是否認為該放棄舊有的、而接納新的。當整個社群的氣氛是要接納新典範時，人們便會開始覺得舊典範不好，反之，就認為新典範是荒唐的。庫恩認為，這種氣氛的形成，基本上跟真理沒有多大關係，反而跟整個社群的態度比較有關，而且這種態度的轉變有可能是非理性的。例如，如果有個大學者突然由於愛上某個喜歡靈魂存在的戀人，因而在無意間率先改變立場，這股氛圍會導致更多學者換邊站，因而產生骨牌效應而導致科學革命。由於這裡面牽涉到許多非理性因素，因此，庫恩認為，我們心中所認為的科學進步，實際上並沒有更接近真理，而只是不同典範在做轉移而已。

　　然而，有許多反對庫恩的哲學家們認為，雖然典範轉移裡面牽涉到許多非理性因素，但是，仍然有著理性因素在作用著，因為，愈是合理的，就讓我們愈容易感覺到是對的、必須接納的。由於這種合理性是和真理息息相關的，愈是合理，就愈可能是真的。所以，典範轉移仍然具有朝向真理的特質在內，並非全然與真理無關的發展。

四、科學哲學的功用

　　科學哲學也針對不同的科學問題提出反思。然而，通常實驗證據的說服力比純推理的說服力來得更強，所以，很少有哲學家會去討論那些已經有實驗證據的科學理論。但是，這並不表示科學理論無懈可擊。科學理論所使用的研究方法、計算工具，以及基本預設，有時還有可疑之處。例如，科學預設一個唯物論與決定論的世界觀，主張我們若能掌握最初物質的起始條件和所有運作原理就可以對未來做預測。但這樣的世界觀卻沒有任何理論證明，這只是一個預設，世界其實不一定是這樣的。如果世界果真不是這樣，那麼，整個科學的行進方向並不是往真理的方向在邁進。又例如，科學也預設所有物質運作的基本定理是不會變的，現在我們實驗所觀察到的物體運作原理和一億年前一樣，而一億年後也不會改變。然而，這也無法獲得證實，這只是基本預設而已，哲學家們針對這樣的問題可以對科學做反思。

　　除此之外，有些跟科學相關的，但科學尚無法提出任何令人信服的理論時，我們也只能用哲學方法去討論了。例如，什麼是意識？或者，什麼是心靈？雖然多數科學家們主張心靈或意識由大腦的作用產生，但是，我們目前尚無法找出可靠的理論解釋大腦如何產生心靈現象。依據哲學方法，我們嘗試由已經發現的科學知識或心靈

現象進行推理，企圖找出一個合理的理論來解決此一問題，往往這樣的討論也能夠協助科學家找出一些研究的新方向。

另一個有趣的例子是在「心靈哲學」單元會再深入討論的自由意志的問題。當我們面臨一個抉擇時，我們通常認為我們有選擇的能力，我們做出了決定，有時慶幸自己做了一個正確的選擇，有時卻懊惱的發現自己的抉擇是錯誤的。無論正確與否，我們都認為我們有選擇的能力，這個能力就是自由意志。

基本上，很少有人真的認為自己沒有自由意志，但是，如果所有心靈現象或功能都是由大腦這種物質結構所產生的，那麼，自由意志（一種心靈功能）便是由物質所產生，問題在於，目前我們所有的關於物質的知識都無法解釋自由意志的現象。因為沒有任何物體是自由的，不自由的東西怎麼可能造成自由的現象呢？即使是最新科學的渾沌理論 (Chaos Theory) 或是量子力學 (Quantum Mechanics)，最多也只能造出隨機現象，但是，隨機現象和自由現象還有著很大的差距。因此，我們需要發現另一種物質，或是另一種物質的功能來解釋自由意志，但是，我們很難想像有些物質是自由的，如果真有這樣的東西存在，那麼，我們的關於物理世界的知識將有革命性的轉變。然而，從另一個角度思考，或許人類根本沒有自由意志，我們以為我們有自由意志只是一種假象，那麼，這樣的理論必須能夠解釋為什麼這麼明顯的關於自由意志的直覺會是錯的。而的確也有科學家嘗試藉由實驗去否定自由意志的存在。

然而，如果自由意志不存在，我們對於人類、社會，與道德的觀點將有革命性的變化，例如，我們不能再譴責罪犯了，因為他們實際上並不能決定做壞事，而是身不由己的被物質世界的運作規律所宰制。

科學哲學可以算是一種對科學的反思或是輔助，在我們享用著科學成果，並且信賴科學理論的同時，科學哲學也算是一種來自另一端的聲音，告訴我們不要盲目的相信科學理論的一切，保持一顆懷疑的心，思考各種可能性。

問題與討論

1. 在你的心目中，有什麼科學理論是你認為未來不會被推翻的？請舉例說明。

2. 在你的心目中，有什麼科學理論是你認為未來可能會被推翻的？請舉例說明。

3. 試想，我們有什麼證據的時候，可以在科學上證明笛卡兒所認為的「非物質實體」的存在？

4. 試想，我們有什麼證據的時候，可以在科學上證明自由意志的存在？或是證明其不存在？

5. 「地球中心說」和「太陽中心說」哪一個較為接近事實真相呢？或者，這兩者只是典範（或觀點）的不同？

6. 試舉出一個上面沒有談到的，無法被科學討論的問題，但哲學卻能夠針對其合理性來討論。

第十課

心靈哲學

　　心靈哲學主要在於探討跟「心靈」相關的問題。這個問題其實從古希臘時期人們探討「靈魂」就開始了。柏拉圖心目中的靈魂其實也就是心靈，只不過他認為心靈是永恆的，不會隨著人們肉體的死亡而消失，在這種情況下，心靈就幾乎跟靈魂成了同義詞。

　　大多數的古代社會都認為心靈來自於靈魂，而且大多認為人的肉體死亡後，靈魂繼續存在。但是，這個觀點在近代科學發達的時期較不被主流學界所認同，主要因素是我們無法藉由科學方法偵測到靈魂的存在。雖然的確有某些特殊現象支持靈魂存在的主張，像是在許多瀕臨死亡經驗的案例中，許多人宣稱完全「看見」整個急救過程，而且可以把這個過程細節描述得很精確，目前反對靈魂存在的科學界與哲學界也難以解釋清楚這種情況。另外，也有許多不可思議的案例顯示許多兒童具有前世回憶，其說詞也得到了印證。這些都支持著靈魂存在的主張。但是，整體來說，這些案例也都尚未具有不可撼動的基礎，因為這些案例都只能依賴人們的口述，以及必須先相信這些人都不是說謊騙人。雖然這些案例多到難以用說謊來解釋，也難以用幻覺來說明清楚，但其效用最多只能使「不相

信靈魂存在，而認為一切心靈現象都是大腦造成」這種目前的常態科學典範進入科學危機的程度，而還沒有到達可以造成科學革命的時機。但或許已近在眉梢，等待的，可能只是最後的一根稻草，或是某個大學者的立場轉變。因為，當今主張靈魂存在的論文難以上得了重要學術期刊，在這種情況下，研究者就會相對較少，但當有大學者轉向時，重要期刊就會開始收錄此類研究論文，學界也開始研讀此類研究報告，這就會帶動一股研究熱潮，這股熱潮，也會隨之捲起科學革命的熱情，進而引發真正的科學革命。這些改變的可能性，的確如同庫恩所言，具有強烈非理性的因素在作用。

　　而在理性層面上，當今學界暫不願接受靈魂存在的主要理由在於兩個部分。第一，當今神經科學發現大腦與心靈的高度關聯，甚至到了可以用改變大腦去改變心靈狀態的地步（用化學藥物治療心理疾病），在基於奧坎剃刀原則下，我們盡可能只用最少的假設，來解釋一切，所以針對靈魂的存在假設，學界的態度是能不要就盡量不要。第二個部分就在於，我們根本無法偵測到靈魂的存在。一個普遍的科學態度是對於未能發現存在證據的，就先暫時假設其不存在。所以，當有人用靈魂的假設來討論各種自然現象時，大多會被學界斥為不科學的觀點。所以，當今學界（尤其科學界與哲學界）仍然以靈魂不存在為主流觀點，並以此去討論其他與心靈相關的問題。

　　然而，在我們做哲學思考時，可以暫時不理會任何科學的限制，

也不用非要靠向主流觀點不可，我們大可去大膽假設，但找到一個合理假設之後，我們還是得回頭做檢驗思考，「這樣想是否有什麼理論上的困難呢？」現在，讓我們先思考下列問題：

1.心在哪裡？心是什麼？

2.心與物（腦）之間的關係是什麼？

3.何謂自由意志？自由意志是否存在？

4.未來電腦有可能具備心靈嗎？

一、心的分析：心在哪裡？心是什麼？

探討心靈時，我們通常有兩種觀點同時在使用，第一個觀點叫做「主觀的觀點」，也就是從我們自己的心中，透過內省來觀察內在世界。例如，我們瞭解甜味和酸味有何不同、痛和癢有何差異，以及知道為什麼再多的綠也無法堆積成紅色。這些知識都必須透過內心的把握才能獲得，而且是屬於自己的知識，很難跟缺乏這類經驗的人分享。從這種觀點來看，當我們要回答，「心在哪裡？」以及「心是什麼？」的問題時，有個很禪宗的回答方式是：「就在那裡！」（就在我們正在感覺到心的那裡）「就是那個！」（就是我們正在感覺到心的那個）

　　透過自己內心的直覺，我們瞭解內心的各種狀態，也很清楚的可以確定心是什麼以及心在哪裡，但是，這種知識只能提供給自己使用，我們很難跟人溝通這類知識，尤其是跟沒有類似感覺的人。即使大家都認為彼此的感覺是相同的，但我們也無法確認這點。因為，我們完全無法確認，內心的任何感覺和別人是相同的。即使使用相同的文字，也無法確認這些文字背後所指涉到的感覺是一樣的。

　　除了主觀觀點之外，我們還有「客觀的觀點」在觀察內心世界。用客觀觀點來說，我們該如何回答「心是什麼？」以及「心在哪裡？」

　　依據目前的各種研究成果來說，心靈最有可能的位置就是大腦，大腦透過某種運作而產生出心靈，所以心靈就是大腦運作的產物。除了這個主流理論之外，仍有許多不同的非主流解答。例如，主張心靈就是靈魂，而靈魂可能暫時存在於身體的某個地方，或是根本存在於另一個世界，只是透過某種方式和身體有所聯繫。這也可以解釋為什麼大腦與心靈有高度的聯繫但大腦卻不是心靈本身。但目前仍以大腦就是心靈的全部為最主要的思考路線。

　　依據不同的觀點，我們會有不同的對心靈的認識。當我們要討論心靈相關問題時，我們必須先弄清楚我們採取的是主觀或是客觀的觀點。通常，在哲學上，當我們定義「心靈是什麼」的時候，我們採取主觀觀點。意即：在我們內心自己感覺到的那一切，就是我們所說的心靈。而當我們問「心靈如何產生」，或是「心靈在哪裡」

的時候，我們通常採用客觀觀點，也就是希望能提出，這種主觀的內心世界究竟是基於怎樣的物質在客觀世界中運作而產生的，而且，是由什麼樣的組織、器官、或是其他存在體所造就出來的。

二、心物問題

十六世紀哲學家笛卡兒 (René Descartes, 1596–1650) 是一個心物二元論 (Mind-Body Dualism) 者。心物二元論主張，「心和物是兩種完全不同的基本存在體（或簡稱實體）」。這個觀點認為世界上的一切存在體可以區分成兩大部分，心和物。而且兩者互相不隸屬，心不是物、物也不是心；心不會變成物、物也不會變成心。而且認為它們已經是最基本的東西了，兩者都無法再化為更小的存在體，所以，兩者也永遠無法被統一。

另外，笛卡兒也認為，心和物雖然不互相隸屬，也無法再分解成更基本的存在體，但是兩者卻有著交互作用。例如，當我們在炎炎夏日喝下一杯冰過的汽水時，會有很冰涼暢快的感覺，這是物（汽水和神經細胞的接觸）影響心靈（冰涼暢快的感覺）的例子；另外，當心靈放鬆時，身體跟著放鬆，這則是心靈影響物質（身體）的例子。透過這些日常生活的觀察，笛卡兒相信心和物是有交互作用的。我們可以把笛卡兒的主張列出如下：

1.心和物是不同的實體。

2.心和物之間有交互作用。

這兩個主張合起來就稱之為笛卡兒的二元論 (Cartesian Dualism)。笛卡兒二元論實際上是一個很符合我們日常直覺的理論，因為，心和物看起來真的很不一樣，笛卡兒認為心靈的本質在於能夠思維，而物質的本質則在於具有佔有空間的性質，由於物質不能思考、心靈也不佔有空間，所以，認為它們是不同的實體是很自然的。而且，心與物之間的交互作用也再明顯不過的了。所以，笛卡兒的二元論事實上是最符合我們日常觀察的理論。

然而，當我們仔細思考這個理論時，會發現裡面有個很嚴重的問題：「既然心和物是屬於兩種完全不同的實體，請問它們是如何交互作用的？」這個問題稱為「心物問題」、或是「傳統心物問題」。這個問題讓看起來很合理的笛卡兒二元論陷入困境。

為了解決這個問題，除了支持笛卡兒的人嘗試回答不同實體之間如何可以有交互作用之外，還有以下幾個理論：

1.心物平行論 (Mind-Body Parallelism)

笛卡兒之後的哲學家萊布尼茲 (Gottfried Leibniz, 1646–1716)主張，心和物之間並沒有交互作用。他用鐘錶的運行來比喻心和物的關係。心和物就像是兩個很精確的鐘錶一般，永遠走在相同的時

間裡，雖然看起來這樣的碰巧很不可思議，但它們之間的確沒有任何交互作用，各走各的，毫無瓜葛。真正主宰它們走在相同位置的，是一股在它們內部就已經共同存在的力量。而心與物之所以看起來有交互作用，也是由於它們內部存在有一種「預定的和諧」(Pre-Established Harmony)。這樣的觀點的確可以避開心物問題的困擾，但是，卻主張我們對心物交互作用的觀察只是一種假象，這是一個不太容易讓人接受的想法，但其為事實的可能性仍然是存在的，因為，的確很多看起來很明顯為真的事情，最後卻被證明是錯的。然而，目前若要證明這種心物平行論為真，或是找到支持它的更多證據，也是很困難的。

2.唯心論 (Idealism)

第二個理論是唯心論。唯心論的意思是說，這個世界上真實存在的實體只有心靈，而物質卻不是真實存在的，這樣的主張也可以避免心物問題。但是，所要面對的挑戰是必須要解釋清楚，「為什麼那些可以看得到、摸得到的東西不是真實存在的呢？」以十八世紀哲學家柏克萊 (George Berkeley, 1685–1753) 來說，他認為「存在就是被覺知」(To be is to be perceived)，我們認為一個物體存在，基本上是因為它被覺知了，如果沒有被覺知，則它是不存在的。基於這樣的先後條件，柏克萊認為心靈的認知實際上比物體的客觀性來得更為實在，而且物體的存在還必須依賴心靈的作用。因此，他主張

心靈是存在實體，而物體不是。

　　質疑者則提出一個問題，「是否存在有無人的山中綻放的一朵小花呢？」以及「當所有人離開一間房間時，這個房間是否就不存在了？」從柏克萊的唯心論來說，既然沒人認知這些東西，那這些東西應該就不存在了吧！可是我們又覺得這樣很不合理，怎麼辦呢？由於柏克萊是一個天主教徒，他信仰著上帝的存在，因此他回答：「由於上帝（無所不在的覺知者）觀看著這一切，所以那些事物都是存在的」，如此一來，便解決了這個困難。但是，如果我們沒有天主教信仰，我們該如何面對這樣的難題呢？還是說，我們只能放棄唯心論了嗎？

3. 唯物論 (Materialism)

　　唯物論主張只有物質才是實體，而心靈不是。這個主張也能避開上面所談的心物問題，而且較為符合當今科學的各種證據。當代的腦神經科學研究發現腦的變化會同時對心靈產生改變，因此主張，「心靈其實就是由大腦所造成的」。這個主張相當程度的回答了前面討論到的那些問題，「心在哪裡」以及「心是什麼」。心靈的所在位置就是大腦的所在位置，也就是在頭裡面。然而，針對這個答案，有人會反駁說，「把頭打開，絕對看不到裡面有顆心靈。」這樣的反駁是沒有意義的，因為，只有當事人可以透過內省而發現心靈，我們無法透過眼睛去觀察別人或是自己的心靈。

　　但是既然無法觀察，我們又如何肯定心靈是在頭裡面呢？這裡可以有的支持證據是一種間接的觀察。我們可以透過大腦的改變（例如，掌管情緒的腦組織受了傷），發現心靈也會跟著改變（例如，情緒難以控制）。由這類證據的支持，多數學者選擇相信心靈其實就是大腦運作的產物。

　　然而，唯物論會遇到另一個稱為「意識問題」(The Problem of Consciousness)（或也稱為「新心物問題」）的困擾。這個問題是說，「大腦是如何產生心靈的？」當我們深入思考這個問題的時候，我們會發現，無論如何都不可能有讓人感到有說服力的解答。因為，我們對心靈的定義就是「主觀的心靈感受」，但是，當我們要用客觀的大腦運作來解釋心靈時，無論如何都無法清楚說明為什麼這樣的運作會產生心靈現象。這個問題被稱為「難題」(The Hard Problem)，因為，光是想像，我們都無法想出合理的解答。這也是唯物論會遇見的一個大麻煩。而這個問題，在當今學界尚無令人感到滿意的解答。

三、決定論與自由意志

　　在日常生活中，很少有人真的是完全抱持決定論的觀點在過生活，但是，在某些特定時候，人們常常會自動轉變成決定論(Determinism) 的人生觀：「唉！一切都是命中註定啦。」當我們遇

到艱鉅的困難、痛苦的事情、或是在很努力之後仍然失敗，就容易有這樣的感嘆。而在這種時候，抱持決定論的觀點，心裡的確也會好過一些。

決定論認為，所有一切都早已註定。包括一個人會相信決定論、或是不相信決定論，都早已被決定了，所以，一切努力都是枉然的。更精確的說，一個人是否會努力也早已被決定，至於努力後是否會成功，也跟運氣無關，也都早已被決定了。所以，從這個角度來說，人的自由意志 (Free Will) 只是一個假象，是不存在的。我們自以為自己在做決定，但實際上，我們會做什麼決定也早已被決定了，所以，我們實際上並沒有任何自由的選擇能力。

那麼，這一切究竟是被什麼所決定呢？依據牛頓以來的世界觀，科學家們認為宇宙所有的一切（包括產出心靈的物質）都依循著一定的定律在運作，所以，在宇宙最初成立的初始條件，以及其不變的運作定律，就決定了未來所有的一切。所以，這個否定自由意志的觀點，看似令人難以置信，但背後卻有著科學觀點的支持。

在哲學界裡，有一種稱之為相容論 (Compatibilism) 的觀點，企圖把自由意志和決定論融合起來。也就是說，我們實際上是自由的做決定，但所做的決定卻是早已註定的了。例如，我今天考慮要去跑步、去騎腳踏車、或是在家裡睡午覺（但我註定會在家裡睡午覺），我思考之後做了決定，決定在家裡睡午覺，那麼，這樣的決定是否可以稱之為「自由」呢？一般來說，我們必須把「自由」這個

詞彙做不太一樣的解讀之後,才有相容的機會,對於其原始意義來說,兩者還是相衝突的。

然而,二十世紀之後的量子力學發現基本粒子具有隨機的現象,這個現象告訴我們,未來的一切並非完全早已被決定的,而在某種程度上是隨機的。如果把這樣的性質套用在我們做決定的思考機制上,那麼,當我在思考要去跑步、去騎腳踏車、或是在家裡睡午覺的時候,究竟哪一個會被選擇,並沒有被決定,而像是即將丟骰子一般,將隨機被選擇。這樣的觀點和前面談到的命定論不太一樣,但基本上也可以算是一種命定論 (Fatalism),只是這種命定論是包含機率性質的。這樣的命定論也一樣和自由意志衝突,因為,我們的意志一樣沒有自由插手的餘地。未來除了依據一定的定律在運作之外,還依賴一些機率的作用,但仍然不是自由的。

雖然,偉大的科學家愛因斯坦一直不相信宇宙法則具有這樣的機率性質,但是,依據科學實驗結果,這樣的情況似乎是確定的。然而,為什麼基本粒子會具有這種隨機性質呢?是什麼樣的運作方式造成這種現象?這些問題我們不僅無法回答,甚至也難以想像可能的解答。那麼,我們是否可以大膽假設,認為每個粒子都有心靈,並且有自由意志在做決定,所以產生這種隨機現象。我們當然可以做這樣的假設,只是假設之後也無法進一步的驗證,也只能讓這些想法落入空談的狀態了。

四、電腦心靈問題

自從電腦被發明以來，它的功能愈來愈強，然而，再這樣發展下去，是否有一天，電腦可以超越人類的智慧、甚至具有像人類一般的心靈世界？

事實上，電腦在許多方面已經超越了人類。除了在運算速度、資料儲存能力毫無疑問可以超越人類之外，連在許多我們認為只有萬物之靈的大腦可以完成的智慧思考也被電腦超越。例如，西元1997年，IBM 電腦公司發展出一個叫做「深藍」的電腦程式，它擊敗了當時的西洋棋棋王卡斯帕洛夫。到了 2011 年，IBM 的電腦程式「華生」在益智競賽中擊敗了兩位冠軍好手。在許多方面，電腦的確是超過人腦的。但電腦也仍然在許多人類容易做到的事情上面無法發揮其功能。例如，在道路上電腦自動駕駛方面就遠遠不如一個熟練的駕駛員，當然，這些能力也許會在未來有所突破。

無論電腦的智力到達什麼樣的程度，我們可以問一個問題，「未來電腦是否可能具備有心靈呢？」要回答這個問題，當然要先問清楚，這裡所要談的心靈究竟指的是什麼？

前面我們有做過一個簡單的定義，當我們討論心靈時，談的就是主觀上內心的種種感受。所以，我們這個問題就是在問，未來電腦是否有可能具備有主觀上的內心感受？

　　要回答這個問題，可以從另一個問題著手，「人的心靈究竟是怎麼來的？」有了這個解答之後，我們就能進一步的討論。但是，由於我們目前並沒有確定的答案，所以，我們的討論只能依據假設來進行。

　　例如，假設二元論或是唯心論是正確的，那麼，心靈來自於一種稱為心靈實體的東西，假設我們稱這樣的東西為「靈魂」，那麼，我們就可以說，靈魂是否可以像影響身體一般的影響電腦呢？要進一步的思考這個問題，我們就必須先有一個「靈魂如何影響人類身體的理論」，否則，就難以繼續討論下去了。

　　而依據當今科學較為信賴的唯物論來說，人的心靈事實上是由物質（大腦）所造成，那麼，當我們要問電腦是否可能有心靈時，就必須問：「電腦是否也能夠像大腦一般造出心靈？」要回答這個問題，我們必須先瞭解大腦如何造出心靈，但是，這個「難題」顯然不是短時間內可以有答案的。所以，我們也不期待短時間內，我們可以解決這個電腦心靈的問題。

　　然而，依據功能主義學派 (Functionalism) 的主張，大腦之所以能夠製造出心靈是由於大腦可以完成某種形式的算則 (Algorithm)，也就是說，人類大腦實際上就是一部電腦以及運算程式。如果真是如此，那麼，只要我們能夠找出這個程式的寫法，並且輸入到一個夠好的電腦裡面去運作，電腦就可以擁有心靈了。

　　這個假設雖然目前仍然缺乏實際證據的支持，但從一個唯物論

的角度來看，則是很合理的。否則，我們也很難想像為什麼大腦神經細胞的運作可以產生出心靈。然而，這樣的觀點也受到現代哲學家瑟爾 (John Searle, 1932–) 的挑戰。他提出一個稱為「中文屋論證」(Chinese Room Argument) 的觀點，如下：

1. 電腦只有語法沒有語意。
2. 人的心靈有語意。
3. 語法無法變成語意。
4. 所以，電腦不可能有心靈。

這個論證是說，電腦只會執行電腦程式而已，那只不過是一種遵行規則的運作，這種規則的堆積是不可能產生出像是內心情感、觀念等等主觀狀態的。所以，只要電腦本質上不變，語意就不會出現。而語意的出現是實現主觀心靈世界的必要條件。所以，當電腦無法達成這個語意目標的情況下，電腦永遠無法具有心靈。

這個論證之所以叫做「中文屋論證」，是由於瑟爾假設一個完全不懂中文的人在一個房間裡面，外面的人用中文字條和他溝通，例如，當他看到「你好嗎？」這些不知是什麼東西的符號時，他就依據一本《符號用法大字典》找到適當對應的「我很好！」來回答。就算每次都回答得很適當，讓外面的人以為裡面那個人懂中文，但是，「懂中文」卻永遠是個假象，事實上裡面那個人從頭到尾不知道

在講什麼。這個比喻是說，由於裡面那個人只懂得語法使用的規則，但缺乏一個「語意」的理解，就像電腦的運作方式一般，缺了語意的理解，就缺了一個最重要的心靈活動了。

　　這個論證在直覺上似乎很有說服力，但仔細推敲後，許多哲學家與科學家們紛紛提出反對的意見，這也屬於一個很有爭議的問題。然而，如果這個論證是對的，那麼，我們就不用擔心未來會出現一個野心很大、想統治人類、甚至消滅人類的強大機器人了。然而，如果這個論證是錯的，或許，科幻情節中的電腦人真的會在未來進入到我們的社會裡，成為另一種族群。

問 題 與 討 論

1. 請說明何謂心物問題？

2. 有哪些想法可以避開心物問題？你認為哪一個最有說服力？理由是什麼？

3. 決定論與自由意志，你相信哪一個？理由是什麼？

4. 如果我們同意自由意志事實上是不存在的，這對我們的價值觀來說有什麼差別？是否需要做什麼改革？

5. 決定論與自由意志是否真的可以相容？試想一種兩者不相衝突的情況。

6. 試思考與討論「中文屋論證」是否有什麼問題？

第十一課

社會哲學

在人類歷史上，除了統治階級之外，大概很少有人對社會現狀是滿意的。感覺上社會充滿著欺騙、偷盜、貪官污吏。然而，不滿意又能怎麼樣呢？有些人只會抱怨，哀嘆人間不義；也有些人憤怒起來，企圖推翻現有的不良政權，讓自己成為統治階級；也有些人盡量讓自己無慾無求、安貧樂道。然而，哲學家們則開始思考，「造成社會失序的源由何在？是否有可能在做一些文化或是政治的改革之後，讓世界自動成為一個人間淨土呢？」

這樣的思維，幾千年來，沒有斷過。換句話說，這樣的思考還沒有結束，答案尚未浮現，人類的智慧尚未達到這個乍看起來好像沒有這麼難的目標。

在當代，許多人認為，這是因為人們道德淪喪的結果，只要把道德重新建立起來，社會就自然美化了。這個說法聽起來很有說服力，如果我們一直找不到解決社會失序的辦法，這個鼓吹道德的夢想，大概還可以在人類社會持續一萬年，然後在繼續無效之後，人們還是繼續做著這個美夢。因為，的確，只要「人們的道德都被喚醒了」，這個世界就和平了。「道德」乍看之下，就是「社會失序」

的良藥。所以，人人鼓吹道德。但是，大多數人在鼓吹道德的時候，卻忽略一個很重要的事情，我們把眼光都放在別人身上，「只要世界上所有『別人』都遵守道德了，世界就美好了。」那自己呢？

　　自己當然也會遵守道德，但是，遵守的卻是自己認為應該遵守、且必須遵守的道德規範，對於自己認為比較沒關係的，或是偶爾犯一下也無所謂的，就不當一回事了。歷史上大概沒幾個人真的可以做到遵守所有社會道德規範，但是，我們卻期待「別人」都如此。這個期待，怎麼可能會成真呢？那麼，我們該如何面對這個問題？讓我們先思考與討論幾個問題：

1. 為什麼我們認為社會混亂？整個社會有什麼問題？請舉例說明。
2. 造成社會混亂、失序的主要根源會是什麼呢？
3. 試思考，如果我們希望班上所有同學的小社會裡，不要有人考試作弊，有什麼好的方法可以達成這個目的？
4. 試思考，如果我們希望社會上不再有小偷和強盜，有什麼好的方法可以做到這點？

一、自私的人性

　　社會失序的源由很多，但其中最重要的一點，就是人類自私的天性。這種天性並不只在於「別人」身上，而是包含了你與我，在所有人的身上流竄。當我們看到一個可惡的貪污犯，或是面對一個讓人憤怒的濫權官員時，需要知道的一點是，如果把我們自己放在那個位置上，有很高的可能性會做出和他們一樣的事情。當我們有這樣的自知之明時，才算是看出了問題的嚴重性，以及為什麼這個改善社會的問題這麼難解決。人類數千年來都還找不出有效的方法面對這個難題，這並不是少數害群之馬就可以造成的，而是人類的天性抗拒著完美社會的形成。

　　孟子 (372 B.C.–289 B.C.) 認為人有善的天性；荀子 (313 B.C.–238 B.C.) 則認為人的天性為惡；佛家主張，人皆有佛性。究竟人的天性在根源上是善或是惡，這在思考社會問題時並不這麼重要，只要具有為惡的可能性，就會抵制美好社會的降臨。從人世間的觀察來說，人有可能沒有特定目的的為善，但也會為了私心而為惡。不管人的本性為何，人的內在，同時存在著為善與為惡兩股力量，推動著我們的日常抉擇。

　　假設你是一個公司的經理，正在傷腦筋要選擇 A 或是 B 作為下一任課長人選，這時，有個好朋友帶著一份大禮來找你，並向你遊

說 A 是比較好的人選，你會怎麼做呢？收下禮物、成全好友、皆大歡喜；還是拒絕禮物、得罪朋友、繼續思考 A 或是 B？絕大多數的人會在這種情況選擇前者，然後告訴自己，「我本來就是想要選擇 A 的。」也很少有人會在做出這樣的行為後感到自己做錯了什麼，但是，下決定的動因，究竟真的是理智的思考，還是自私的人性在隱隱作用呢？真的只是為了成全好友，還是為了貪圖那一份大禮？

這種看似無傷大雅的「個人」行為，卻導致「關說」與「送禮」在社會上形成了一股引導未來的力量，久而久之，變成了傳統。當我們開始習慣這種模式，整個社會怎麼可能還會沒有貪污與濫權呢？

在歷史上，哲學家們認為，文化與制度的改變，可以制衡這股讓社會失序的力量，因此發明了各種學說，甚至付諸實行，但都不完美，無法成功。那麼，讓我們思考看看，是否能在改良後有所進展，或是我們必須發展新的理論？

二、儒家、法家與道家

為了解決春秋時代的社會動亂，中國古代哲學家孔子 (551 B.C.–479 B.C.) 認為，社會之所以混亂，那是因為人們不知該如何扮演其各種角色所導致。所以，只要制定好禮教，每個人都知道該怎麼做的時候，社會就會恢復秩序了。因此，孔子認為「禮教」是解決社會動盪的最好藥方。

　　禮教告訴大家在各種職位上該做些什麼事情，以及怎麼做。而人與人之間又當如何，夫妻之間、父子之間、兄弟之間、君臣之間，該如何相處。當這些規則通通成為所有人的行為準繩之後，社會秩序自然就建立起來了。而由於建立一個好的社會秩序對每一個人都好，照理說，每一個人都希望社會美好，既然只要遵循這些訂好的準則，就可以達到這個目的，那麼，當然大家都會願意這麼做吧！

　　這個想法雖然很合理，但是，問題在於，人都有其私心，雖然多數人的確希望社會美好，但大都指望別人完全遵守禮教，如果只有我一個人偶爾不遵守，那當然不會有任何問題，社會依然美好。但是，當大家都這麼想的時候，禮教的作用就蕩然無存了。這種非理性的私心，讓孔子的理想無法順利實現。於是，為了解決這個問題，法家上場了。

　　法家認為，為了不讓人們破壞社會秩序，這種鼓吹別人自動遵行的禮教作用不大，必須用法律來限制脫軌的行為。而且，微弱的刑罰是沒什麼用處的，刑罰愈是嚴厲，效果就會愈好。的確，嚴法有其效用，但是，嚴法的施行卻讓整個社會充滿了不安與恐懼，而且法律必有漏洞可鑽，另外，仍然會有人心存僥倖。一旦犯法被逮，人們也不樂見這種訴諸暴力的懲罰性政治體制。原本為了社會美好而制定嚴法，但這個法律本身就已經導致社會不美好了。這不是本末倒置了嗎？

　　道家認為，各種價值觀造成了事物的好壞與對錯。當我們標榜

某些事物好的時候，自然就會引起想要獲得的邪念，因而可能引發破壞社會秩序的行為。如果我們不標榜任何事物的好壞，就不會有偷盜的行為了。所以，「價值觀」才是社會失序的主要根源，只要打開智慧，發現這些價值觀都只是人訂的，事物並無絕對的好與壞，那麼，社會就自然恢復成美好狀態了。

　　雖然道家點出了社會失序的一個重要因素，但是，許多時候並非這麼單純。例如，當一個人吃不飽的時候，自然而然會想去偷盜別人的食物，甚至也可能只為了美食、美服的物質享受而做出破壞社會秩序的行為。而對物質享受來說，這樣的價值觀卻是天生的，不是後天形成的。我們天生可以辨識哪些食物好吃、什麼樣的衣服舒服、以及什麼樣的居住環境愉快與安全。這些人性基本慾望所形成的價值觀並不是人訂的，也不是簡單可以放下的。因此，除非具有超凡入聖的生命境界，可以不再受到物質享受的誘惑，否則，人們一樣會為了爭取這些利益，而使用不當的手段。那麼，有什麼其他好的方法可以解決這個問題嗎？

三、柏拉圖理想國與共產主義

　　前面討論過的柏拉圖理想國，當政治制度上出現明君時，各種問題都可以迎刃而解。那麼，只要實施這種明君政治，社會問題是否也就跟著解決了呢？

在柏拉圖的理想國中，在最高位的守護者階級是制定法律以及管理社會的核心。柏拉圖認為，只要這個主要掌權者階級的人是無私的，社會自然就能運轉良好。而為了讓這個階級的人們具有無私的品德，除了和孔子一樣訴諸道德教育之外，柏拉圖另外在制度的設計上做了一個修正，就是這個階級的人（包含哲學家皇帝在內），不得有私有財產，甚至連固定屬於自己的妻子都不能擁有（否則還是可能為了搶奪美麗女人而濫權）。如此一來，由於沒有任何私心可以運作的空間，因此，社會秩序自然就會建立起來了。

這個想法聽起來很好，但理想國從沒被建立起來過，不知其成效與弊端會如何？但是，和儒家類似的想法，以及類似的問題，「只要大家願意遵守（理想國的）規則，理想社會就可以形成了。」但這也一直是最大的問題所在。如果高位的當權者暗地裡偷偷藏有私有財產會如何呢？

共產主義 (Communism) 在相當大的部分上類似柏拉圖的理想國觀點，當大家都沒有私有財產的時候，就一定不會有偷盜的情況發生。但是，歷史證明，這一點行不通，因為，人自私的天性會讓當權者偷藏私有財產，因而演變成濫權者當道的更糟局面。或許這是因為缺乏一個明君，但是，卻很難有制度可以保證明君不會變質。一旦明君變成暴君，又沒有制衡力量存在時，社會反而更加失序。

共產主義的另一個缺點在於，沒有了私有財產之後，大家也不願意努力做任何事情了。這讓社會形成偷懶無力的景象。這也不是

美好社會的藍圖。但柏拉圖理想國倒不會有這種情況，因為，在理想國中，商人與勞工是可以擁有私有財產的，他們各自努力生產、販售，爭取個人財物，活絡經濟景氣。兩者共同的問題則是無法保證當權者不受私心所左右。

四、資本主義與民主社會

抑制人的自私天性是實現美好社會的一個方法，但是，當我們找不到好的方法來防止私心搗亂時，或許，換個角度來想，將人類私心引導到不會破壞社會秩序的情況，那是不是也能解決問題呢？

資本主義的思考就是接近這樣的一個方向。既然每一個人都有私心，那麼，當一個制度讓人們可以藉由個人的努力，獲取各種物質享受，那就不需要使用不當的方法滿足自我了。於是，十八世紀哲學家史密斯 (Adam Smith, 1723–1790) 主張：「只要提供一個讓大家可以努力賺錢來滿足個人慾望的社會環境，社會就自然繁榮與進步。」

資本家出資金開公司、建工廠，勞工前往工作獲取工資。得到的利益大家一同分享。那麼，人們自然就不用以犯罪的方法去獲得自己想要的東西了。

然而，麻煩的是，我們發現，人的慾望卻是無止境的，勞工獲得了基本的溫飽之後，就會產生更多慾望，當勞工無法用正當手段

獲得這些東西時，犯罪的念頭自然一樣會再興起。而且，「所獲得的利益共享」，這樣的理想也很難實現，因為，如同十九世紀哲學家馬克斯 (Karl Marx, 1818–1883) 所認為，資本家扮演著決定利益分配的角色，貪得無厭的私心會引導成為壓榨勞工的結局。那麼，資本主義社會便會轉變成為貧富差距愈來愈大的社會，比起均貧的共產主義社會來說，這種社會由於有了比較，反而有可能會讓人更加不愉快。因此，資本主義制度在某些方面必須修正。

「設定基本工資」是一個好的解決方法。由政府出面干涉，無論如何，勞工薪資都不可以低於某個數據，那麼，壓榨勞工的情況就比較不會出現。然而，這個基本工資該如何訂定才會適當呢？

如果掌權者可以用較為客觀的角度思考，便能找出一個最符合公平正義的基本工資。但是，伴隨著資本主義的民主政治，掌權者是由人民選出來的，照理說，這些人應該都是正義之士，也就能夠做出對整體社會最有益的、最公正的政策。但是，制度卻有其缺失之處，因為，人們在選舉投票時所做的決定，往往容易被操控。媒體宣傳、流言中傷對手，甚至聲勢浩大、工作人員數量、花錢買票，都可以相當程度的影響選情。而這些選舉手法都需要大量金錢的支持，那麼，錢從哪裡來？當有錢的資本家出資協助某候選人時，若這個候選人當選，其權力的使用自然就會做出有利於資本家的決策。那麼，這樣的社會就等於是政商共同壓榨勞工的更悲慘局面。

那麼，只要人民張開雪亮的眼睛，選擇不會與資本家合流的正

義之士不就好了嗎？但問題是，人民往往會被媒體宣傳沖昏頭，看不見真相，就算看得見真相，也傾向於選擇對自己最有利的候選人，所以，只要選舉買票，利益可以先獲得，「反正不差我這一票」，當許多人有這個觀念時，這種用金錢操控的選舉就不會停止。

人性除了自私之外，仍然有許多弱點，當整體理性力量不足以對抗這些弱點時，任何制度都會形成弊端，導致不良的後果。或許，一個好的教育體系，尤其是思考能力的訓練，才是真正解決問題的關鍵。但是，這樣的全民教育卻需要仰賴當權者的推動，這就必須等到當權者願意放棄最簡單可以操縱人群的愚民政策時，才會有轉機。

五、社會正義

為了監督當權者，人民最好能夠判斷一個政策的制定是否符合公平正義。當代哲學家羅爾斯 (John Rawls, 1921–2002) 提出一個「無知之幕」(Veil of Ignorance) 的思考方法。簡單的說，當一個人在思考任何決策時，可以先不考慮個人的各種身分、條件、能力、種族、國籍、年齡、性別、價值觀等等各種資訊，像是放入幕中看不見，而對自己的特殊性形成無知的狀態。在這種無知的狀態下，就自然能夠做出具有正義性的決策了。

如果一個政治人物在制定政策時，例如，在 A 與 B 兩個選項

中，選擇了 A 地作為開發的地區。但這個地區卻正好有利於決策者的家族，那麼，這是否是不正義的決策呢？

其實不一定。因為，這有可能只是碰巧，我們必須思考的是整個決策的理由是什麼，例如，在許多客觀條件上，A 地是不是真的比較好。如果是的話，就算是別的決策者也很可能會做出一樣的決定，那麼，我們自然不能說這是一個不正義的決策。反過來說，如果是因為碰巧與決策者的家族相關，為了迴避利益輸送的誤解，刻意選擇了較不好的 B 地，這反而才是一個不公平正義的決策。

羅爾斯認為，當人們不考慮個人私心與特殊性的時候，理智思考可以協助我們發現怎樣的政策是符合公平正義的。而無知之幕的用意也就在於讓人們無法故意選擇偏向個人利益（或偏向個人無利益）的政策。

相同的，當人民可以從這種較理性的角度來審查當權者的時候，並且能夠用客觀角度思考、選擇誰來作為未來的當權者，那麼，許多弊端或許都可以被消解。或許，解決這一連串社會問題的真正關鍵在於全民的智慧水平，但這還是需要先有一個可以提升全民思考能力的教育政策，而這樣的政策，還是需要現在的當權者來制定與推動，而這常常就是最大的問題所在。

問 題 與 討 論

1. 試比較共產主義與柏拉圖理想國的相似之處與相異之處，並提出其優缺點。

2. 共產主義容易導致均貧社會，而資本主義容易形成貧富不均的社會，但基本上，從全體人民的物質享受來說，資本主義還是比共產主義好很多，那麼，兩種社會型態所產生的幸福感會是如何呢？

3. 試思考共產主義的缺點，針對其缺點，有何改良方式？

4. 試思考資本主義的缺點，針對其缺點，有何改良方式？

5. 投票選舉班代時，個人考慮的因素是什麼？看得順眼？跟我交情比較好？還是能力最強？這樣的考慮因素是否能夠選出最適任的班代呢？

6. 假設全班有三十人，一學期中每人輪值日生四次之後，還有五天。請提出幾種不同的方法來決定這五天由誰來擔任，並討論這樣的決策過程是否符合公平正義，以及是否符合無知之幕的思考方式？

第十二課

美 學

　　人人都愛美的事物，喜歡住在優美的環境裡，家裡面也希望有著美麗的裝潢。遊山玩水時喜歡到風景優美的地方。百貨公司裡置放著各種漂亮的服飾。男人喜歡美女；女人喜歡俊男。「愛美」是無庸置疑的一種天性。但是，為什麼某個人、或某個物很美呢？美究竟是怎麼造成的？在哲學上，針對各種「美感」來源與其性質所產生的思考與理論，稱之為美學 (Aesthetics)。

　　美學所談的「美」，在日常生活中，最常針對視覺經驗上的美，像是風景秀麗之美、古物純樸之美、以及選美皇后的美，為何他們都可以被冠上一個「美」字呢？「美」究竟是什麼樣的東西？或是由什麼樣的元素所構成？這些人、事、物，以及各種藝術作品，其美的根源條件為何？這些都是美學想要探討的問題。然而，美學的討論範圍並不侷限於視覺上的美的體驗，而是針對各種在感官上以及在精神上所獲得的愉悅感。

　　例如，「美食」並不是指食物看起來很好看，而是說它很好吃，這是屬於味覺的享受。「很美的音樂」 則是聽覺上的；「美妙的人生」、「很美的愛情故事」則是精神上的體驗。討論這類「美感」的

起源、分類、元素、標準，以及這些美感所形成的各種奇特的現象等問題，都構成了美學的領域。

讓我們先思考與討論下列問題：

1. 當我們在某個野外的觀光區突然尿急的時候，在四處無人的情況下，可以選擇為了身心舒適（美好的感覺）而隨地抒解嗎？或是應該以道德為重，在不影響健康的情況下，盡可能忍耐？

2. 試著提出一些準則（特質），來判斷為何一個人（無論是男是女）看起來很美？

3. 一幅名畫可以高達數億元的價值，試討論為何有此價值？這樣的價值是否合理？

4. 當我們看一個感人的愛情故事時，明明就知道那個劇情是虛構的，為何會被假的東西所感動呢？理由為何？

一、美學人生

假設有一個人生了重病，無藥可醫了，但一時還不會死。醫生說，如果不要繼續吃美食、不要有任何情緒上的享受，過一個平淡無味的生活，就可以活得久一點，否則，就會縮短生命期限。那麼，

這個人該如何做選擇呢？為了延長壽命，放棄享樂；還是為求享樂而縮短生命？怎樣的人生才是正確的選擇？

在當今社會的價值觀裡，人們認為，盡量延長自己的生命才是正確的作法。所以，如果家裡面有三高慢性疾病（高血壓、高血糖、高血脂）的長者時，作為晚輩的都會要求（甚至強迫）長者們控制飲食，有時還會引起長者的反彈，鬧得很不愉快。但是，基於「為長者健康著想」的想法，晚輩們常常認為自己是站在正確的一方，堅守「活得愈久就愈好」的信念。而且活得愈久，說不定還可以等到醫學進步而治癒各種疾病的機會。這是一種理智思考後的正確解答。

但是，如果從另一個角度來看，有些人認為人生無論長或短，都沒關係，重要的是活得有趣、多采多姿，以自己（在情感上）最滿意的方式來過。那麼，在這種依據「美學」體驗的角度來看，就有可能選擇享受人生而不在乎少活一些時日。這樣的人生觀，屬於一種美學的人生。

西方哲學起源的希臘哲學獨尊理性，認為理性是一切的最高指導原則，當任何事物和理性有所衝突的時候，應以理性為優先。十九世紀哲學家尼采 (Friedrich Nietzsche, 1844–1900) 認為，這樣的傳統是從蘇格拉底所提倡的，並成功的成為西方世界思想的主流。但是，他卻認為這是一件壞事，因為這樣的價值觀讓人們的情感受到抑制，徹底毀了人類原始情感的蓬勃朝氣，進而讓美學的創造力受到了極大的限制。

　　蘇格拉底主張，「只有知識，才能使人成為有德之士。」而成為有德性的人，是整個人生的終極目標。亞里斯多德承繼了這樣的思考源流，甚至認為「只有德性才能帶領人們走向幸福的人生」。而東方世界將儒學置於優位，也強調道德禮教的遵守與德性的培養。這樣的一個思維傳統，逐漸成為人們生活的原則，以及文化的根基。

　　於是，當我們遇到任何抉擇的時候，總認為使用理性與道德的思考才是正確的，只要遇見的事情與道德相關，人們便會自然而然產生理性與道德的思維，這樣的想法便會對自己與別人形成一股無形的壓力，雖然這股壓力不必然能對人們形成絕對的約束力，但是，只要壓力存在，對社會秩序的維護就能提供助力。這也是為什麼我們一直覺得這樣沒什麼不好。

　　但在獲得這種好處的同時，人們卻忽略了，由於人們被教育成習慣性的認為，應該要服從理性與道德，所以自然而然會去壓抑自己的各種情緒與情感，來配合理性與道德。這麼一來，那種來自生命本身的原始情感便受到了抑制，由於這種情感是生命活力的來源，是藝術創作的命脈，於是，生命中的美學成分受到剝奪，人生變得枯燥乏味。用道德互相指責，而缺乏審美的觀點來檢視一切。

　　舉例來說，當人們看到幾個年輕少女衣衫輕薄、裸露性感的走在大街上時，自然而然會從理性與道德的角度思考，「這種充滿誘惑的穿著，不是會給自己帶來危險嗎？」或者「這樣有違善良風俗啊！」甚至從她們的穿著聯想到勾引異性而感嘆，「這些女人還真是

賤啊！」在大多數的文化裡，這種思維習慣已經成為主流，而且由於大多數人都這樣想，在這種文化下生活的每一個人，也自然就認為這樣的思維是理所當然的。但是，這卻是在以理性與道德思考為主流的社會才會產生的想法。

尼采借用希臘神話的比喻，稱呼這種理性與感性的戰爭為太陽神（阿波羅，Apollo）與酒神（戴奧尼索斯，Dionysus）的戰爭。當太陽神的力量獨大時，就容易形成這種理性壓制感性的狀態。那麼，當酒神的力量獨大時將會如何呢？酒神象徵著感性的精神與狂醉的內在力量。尼采認為，「一個東西要能成為美，一定要是可以感覺的。」而不像是理智與道德評價那樣刻板無趣。那麼，換成戴奧尼索斯為主流的美學觀點，當人們卸下道德與理性思維的壓力，將可以看到年輕少女的美，每一個舉動、每一個體態、每一種裸露、甚至每一個企圖勾引異性的情愫，都能喚醒內心原始的情感，在這種原始情感的作用下，我們便可以品味人生之美。從美學觀點，空氣中少了沈重的道德負擔，呼吸裡多了醉人的狂野。

雖然，酒神的狂醉精神是美學最重要的原動力，但如果放任不管，倒也不見得是件好事。人們可能會完全沈醉在原始慾望的追逐中，在沒有任何節制的情況下，導致更悲慘的後果。因此，理性的力量在這裡就顯得重要。當太陽神與酒神能處在某種平衡狀態，便能達到最理想的美學情境。

事實上，尼采並不否定理性的力量，他反對的，主要是針對戴

奧尼索斯精神受到強烈的抑制。尼采甚至認為阿波羅的精神是另一種創作的形式，兩股力量結合，才能形成真正的偉大作品。

如果我們把人生也當作是一個藝術創作，當今時代的人們由於過度著重在理性與道德層面，使得人生乾涸無趣，如果能釋放道德教條的無形壓力，不要任何事都只從道德角度來看，引進戴奧尼索斯的精神，也從美學角度欣賞人生百態，人生這張畫布，才能更多采多姿。

二、美的構成元素

在美學領域裡，有一個問題一直是備受爭議的。就是美究竟是主觀的，還是客觀的？也就是說，當我們說一個人或是一個物件很美時，所表達的，只是一種個人觀感，還是說，這樣的美具有客觀性？

中國古代哲學家老子認為，美並沒有絕對性，只是一種相對的觀感。真是如此嗎？的確，「美」似乎沒有一個絕對的標準。在選美比賽上，如果評審換一批人，那得獎者幾乎一定會是不同人。讓我們來做一個思想實驗，看看結果會如何。假設一個班級五十個人全部出來選美，總共選五十次，每次都從街上隨機挑選不同的人來當評審。結果會是怎樣呢？我們可以很容易的想像，結果一定不是平均每個人當選一次。而是絕大多數的當選者都落在少數幾個人身上，

而且只要讓我們看看照片，我們就可以大略推測哪些人最容易當選。就算找外國人當評審，差距也不會太大。從這個結果來看，人類的審美觀似乎還是有某種程度的客觀性存在，否則，怎麼會有這種結果呢？

　　於是，哲學家們思索著，為什麼我們會認為一件事物好看？為什麼我們會認為一個物品有價值？通常，新的東西比舊的東西更美、也更有價值。但是，非常非常舊的古董卻可以爬上天價的位置，這是怎麼回事呢？當我們覺得一盤菜餚好吃、一朵花氣味芬芳時，這樣的評價也沒有客觀性嗎？為什麼臺灣人覺得美味的臭豆腐和泡麵，在西方人的嗅覺中變得難以接受了？

　　針對視覺上的美來說，中古世紀的哲學家多瑪斯發現幾個基本客觀原則：完整（具有整體性）、和諧（具有對稱與平衡性）、與明晰（色彩鮮明，主題明確，並能引發生命的光彩）。只要依據這幾個原則，就是美的。然而，後來人們也發現，這些原則是可以被打破的，有些建築或是繪畫並不遵守這些基本原則，它們不明晰、不和諧、甚至還不完整，但看起來卻更美。也就是說，仍然有著許多其他因素在主導著我們的審美觀。但是，我們也很難將之完全找出來，形成一個決定美醜的計算公式。而且，不同社會、文化、甚至人與人之間的觀點也未必都相同。

　　以故事來說，能感動人的故事就是美的故事。然而，我們是否能找出形成感動的各種客觀元素呢？要回答這種問題，等於在回答

人類情緒受到感動的必要條件與充分條件為何？但是我們發現，只要跟人心情感相關的現象，都很難用這種充分與必要條件的方式來把握。雖然我們的確可以發現一些趨勢，而這些趨勢也成了撰寫小說的基本技巧，例如，故事不能過於平淡，需有高潮起伏，最好再加上一些風花雪月的浪漫場景，配合俊男美女的演出，就算不叫好也會叫座。

然而，人類的感動情緒很微妙，即使故事很平淡、沒有任何俊男美女的演出，也還是有可能產生非常感動的故事，以及電影情節。究竟這樣的感動情緒來源為何，成了現代美學的主要研究話題之一。於是，美學便與心理學、認知科學等相關學科結合，一同思考美的來源與各種審美及感動的情緒現象。

三、情緒弔詭

在研究各種審美情緒的問題中，哲學家們發現一個有趣的現象，稱之為「虛構故事的情緒弔詭」。

假設有一天，一個親人打電話給你，說他的樂透彩券中了一千萬，這時，你可能會很開心，但是，幾秒鐘後他說，「騙你的」。那麼，你的高興將在瞬間消失。為什麼會這樣？我們可能會回答，「那是因為虛構的事物無法引發我們的情緒反應。」這個答案似乎是有說服力的，但是，當我們閱讀一本虛構的小說、或是看一部依據虛

構故事拍的電影與戲劇，我們可能對其中某些角色產生了同情心，但是，我們很清楚的知道那些角色只不過是在演戲而已，那些情節可能都不是真的，甚至角色也不是真實存在的，那麼，為何我們會對不存在的人物產生同情心呢？我們稱這樣的情況為「虛構故事中的情緒弔詭」，或簡稱「情緒弔詭」。

首先，我們可以先把這個弔詭以三個互相衝突的敘述更清楚表達如下：

1. 我相信那些戲劇中的角色不是真實存在的。

2. 假如我相信這些角色不存在，我就不會對他們產生情緒（例如，也就不會同情他們）。

3. 但是，我卻對他們產生了情緒（例如，我卻同情了他們）。

因此，由這三點會導致矛盾的敘述都成立的情況來說，我們就面臨了一個「情緒弔詭」。由於這三個前提的敘述會導出矛盾，因此，它們不可能全是對的，它們之間至少有一個是錯的。那麼，錯在哪裡呢？哲學界的主流理論認為，當我們陶醉在這些虛構情節時（也就是對戲劇產生情緒的時候），在這個當下，第一個敘述實際上是錯的，也就是說，我們在欣賞戲劇的當時，我們事實上並沒有相信該戲劇的內容是虛構的，相反的，我們「自欺」的相信這些虛構情節為真。藉此，這個弔詭就獲得了解決。這個理論稱之為「自欺論」(Make-Believe Theory)。

反對自欺論的學者主張，多數人其實並不覺得自己在經歷一種

自欺的認知作用。當一個人在閱讀虛構小說、觀賞虛構電影而正在感動的當下，這個人真的有個自欺的認知作用在運作嗎？在情緒波動的時刻裡，他有「相信這些事件是真實的」這樣的認知嗎？至少在多數人的內省中，我們找不到這樣的認知作用。自欺論的學者之所以會認為這是一種自欺作用，應該純粹是為「情緒弔詭」尋找一個合理的解釋。但是這理論遇到的困難，則是我們在內省中無法看到這樣的認知作用。

當然我們可以合理的進一步推測，「這種自欺的認知作用是下意識的，所以，內省很難察覺」。這的確是一個合理的解釋，但這會遇到另一個問題，為什麼平時的自欺作用是可以藉由內省察覺，而這種自欺作用就變得不能藉由內省察覺呢？這樣的問題就會讓自欺論遇到困難而感到躊躇難行了。

另一種較不這麼強調自欺機制運作的理論，由當代哲學家沃頓 (Kendall Walton, 1939–) 所提出。沃頓認為，我們對於虛構戲劇中角色的情緒來自於一種心智模擬的過程，也就是一種在心中想像某些事件正在發生的過程。我們可以稱呼這樣的理論為 「虛擬論」 (Theory of Mental Simulation)。沃頓用一個思想實驗來說明想像力的強大威力。請先試著專心想像下列情節：

你現在要進入一個洞穴探險，低頭彎腰走進洞裡，然後進入了一個蜿蜒且潮濕的小道，幾個彎道之後，你發現已經伸手不見

五指了。你點亮了頭盔上的亮光，然後繼續往前走。路愈來愈窄，你必須擠壓身體才能推進，再往前進一些，你甚至必須彎著腰才能擠進去，然後，你只能用膝蓋和手慢慢爬著前進，就這樣持續了幾個小時的彎曲與下降，跟在你後面的同伴的語調逐漸從自信慢慢轉變成緊張，漸漸的，洞已經太窄到很難擠進去，你即使縮了小腹，背上的背包也會卡住，你脫下背包將它綁在腳上，然後繼續向前。這時你到了一個劇烈向下傾斜的大彎道，你彎著身體擠了下去，這時你後面的同伴開始感到驚恐，你頭盔上的燈開始變得昏暗閃爍，然後，熄掉了，四周呈現絕對的黑暗，⋯⋯。

當你的思緒跟隨著這些文字時，你會緊張嗎？手心冒汗了嗎？當我們的思緒跟隨著這個故事在運作時，這樣的想像等於模擬了一個彷彿是事實一般的事件的發生過程，而這樣的心智模擬就可能帶給我們某些情緒。因此沃頓認為，只要我們運用想像力來跟隨著這個故事的劇情描述，我們就能夠體驗到這種心智模擬的想像力所能帶來的強烈情緒。依據這個例子，沃頓成功的指出想像力在對虛構情節與虛構人物產生情緒方面的重要角色。

除了想像力的作用之外，沃頓特別強調一個很重要的認知能力──也就是我們如何能夠體驗別人的內心世界呢？沃頓主張，我們運用想像力去模擬別人的經歷，這時我們就可能產生一些別人可

能有的情緒，如果人類對於某些經歷所產生的情緒是類似的，那麼，我們自然能夠某種程度上瞭解、甚至感受到別人的情緒。也就是說，我們把自己的心理機制當作是一個模擬機，然後藉由想像力去模擬別人的經歷，這會讓我們在某個程度上經驗到別人的經歷與情緒。因此，沃頓主張，當我們對虛構情節產生情緒時就是這樣產生的，想像力與模擬機，這就像是一個虛擬的經驗一般，情緒會如同遇見真實事件一般而產生。

　　從這個分析來說，針對故事審美上的感動情緒，其實來自於心理的一種想像機制，彷彿自己經歷過那樣的情節，因而達到欣賞虛構戲劇的目的。所以，在欣賞一個虛構故事或是戲劇時，我們必須先將心靈打開，別讓「這是假的」、或是「這不可能」，這類理性思維來干擾我們，否則，我們便無法好好的進行模擬，也就無法達到被感動的目的。

　　然而，回到問題最初的地方。為什麼這樣的情節會導致感動呢？這個問題就會牽連到情緒的形成，這會和人類學（尤其是演化理論）息息相關。基本上我們認為任何情緒都是有演化的意義。這樣的演化意義必須對人的繁衍與生存優勢有所幫助。但是，我們卻很難發現某些情緒作用有何生存上的優勢，像是男人較喜愛美女，以及有人失戀後就似乎不再對其他人感到有興趣，這種從一而終的情緒似乎對繁衍沒有幫助，但卻似乎真的存在於人間社會裡。這些都是美學相關領域中，還在思考與研究的疑惑。

問題與討論

1. 如果我們必須在「理智的人生」(遵循太陽神精神)和「美學的人生」(遵循酒神精神)二選一，你傾向選擇哪一個？請分享個人想法，為什麼覺得這樣選擇較好？

2. 一個好的藝術作品，除了具有完整(具有整體性)、和諧(具有對稱與平衡性)、與明晰(色彩鮮明，主題明確，並能引發生命的光彩)之外，試著找出其他美的特點。

3. 試舉出一個缺乏完整性的創作，但仍然是好的藝術作品。

4. 試舉出一個缺乏和諧性的創作，但仍然是好的藝術作品。

5. 試舉出一個缺乏明晰性的創作，但仍然是好的藝術作品。

6. 是否曾經看過感人的小說或是電影，沒有什麼高潮起伏的故事，甚至也沒有什麼俊男美女的角色？請分享與討論。並思考為何這樣的故事或影片能引發感動的情緒？

7. 在解答虛構故事的情緒弔詭中，自欺理論和虛擬論有何主要的差別？虛擬論的優勢在哪裡？有何缺點？

第十三課

愛情哲學

問世間，情為何物？直教生死相許。

天南地北雙飛客，老翅幾回寒暑。

歡樂趣，離別苦，就中更有癡兒女。君應有語。

渺萬里層雲，千山暮雪，隻影為誰去。

橫汾路，寂寞當年簫鼓，荒煙依舊平楚。

招魂楚些何嗟及，山鬼自啼風雨。

天也妒，未信與、鶯兒燕子俱黃土。千秋萬古。

為留待騷人，狂歌痛飲，來訪雁丘處。

據說，中國古代文人元好問 (1190–1257) 在旅行途中，聽到一個捕雁的說，他捉了兩隻雁，但一隻脫逃了，當他殺了捕獲的那隻之後，脫逃者竟然一直悲鳴不肯離去，最後還撞地而死。受到感動的元好問買下那隻殉情的雁，立了一個稱為「雁丘」的墓，並寫下這首廣為流傳的不朽名作。

無論這個故事是不是虛構的、無論元好問是不是遇上了詐騙集

團、無論大雁是否真能有這種行為，當我們反觀人類社會的愛情故事，迴腸蕩氣的程度只有多而不會少。

　　在人的一生中，無論是時間、心思、煩惱、或是快樂，有相當大的一部分是被愛情所佔據，而愛情所衍生的婚姻，更是主宰了大多數人後半段的人生。從古至今，文人們描寫了各種愛情的面向，初戀、熱戀、思念、單戀、失戀、甚至殉情的故事，感動無數人的熱血。幾乎每一個人，都曾經歷過，或將要經歷許多種類的愛情故事。相同的故事，不同的人名，不斷在歷史上重複上演。

　　雖然愛情佔了人生很重要的部分，但我們對愛情的瞭解卻相當有限。對愛情的許多觀點還常常會出現矛盾的現象，對「愛情究竟是什麼」也常常感到疑惑，甚至許多人還會自問「我們究竟算不算是一對戀人？」以及「我究竟愛不愛他？」等問題。而當我們對愛情如此無知的同時，卻仍然僅有很少的哲學理論涉略其中。這似乎是個很奇怪的現象。

　　這個愛情問題，雖然在人生中很重要，但卻一直被忽視，或許這是因為「愛情」始終不被人類理性所認同，認為那只是一種盲目的衝動，是需要被制衡約束的情感。然而，真是如此嗎？如果不是，我們該如何探究這個奇特的人間景色呢？那麼，讓我們在介紹研究成果之前，先思考並嘗試回答下面幾個問題：

　　1.何謂「愛情」？

2.如果一個人真的可以同時愛上兩人，他（她）是否可以「劈腿」呢？

3.當戀人決定要跟自己分手時，但自己卻不願意，這時我們該怎麼做？

4.許多人說，「婚姻是愛情的墳墓」，為什麼會這樣？真的是如此嗎？

5.當我們正在和某人談戀愛的過程中，自己發現另一個更喜歡而且更適合的人，這時該怎麼辦？

6.婚前性行為是否只要兩情相悅就可以了呢？

一、真　愛

在戀愛的男女心中，往往期待一種稱之為「真愛」的情感。但是，究竟什麼是真愛呢？不同的人、在不同的時候，往往有不同的界定。但多數人會有的觀點是：「如果真的愛我，就無論如何都會包容我的一切」、「如果真的愛我，就不會再對別人感到有興趣」、或者，「如果真的愛我，就會永遠愛我。」這些想法都很浪漫，但是，這種期待都將成空。因為，在人性中，似乎不存在有這樣的情感。

柏拉圖認為，真愛是那種不帶有慾望的愛，但這種愛卻不是我們一般所謂的愛情，因為，大概只有同性之間，會有這種無慾的友

愛。這種愛雖然單純，完全屬於精神層次的情感，但卻沒有愛情中，令人陶醉之美。那麼，在愛情中，是否存在有真愛呢？

現代哲學家兼文學家米蘭昆德拉 (Milan Kundera, 1929–) 認為，「真愛是無私的、不求回報的。」他認為最典型的愛是母愛，母親對子女的愛大多是單純的付出，即使子女不感謝、不滿足、甚至還抱怨連連，許多母親仍然會繼續無怨無悔的付出。

而在愛情方面，當一個人可以在任何情況下，無論是哪一種程度的付出，都能以對方的幸福為主要考量時，就接近哲人心中的真愛了。例如，即使為愛人付出許多之後，但他（她）卻愛上了別人，而且，別人又真能給他（她）更多的幸福，在這種情況下，能夠敞開心胸，以對方的幸福為主要考量而大方放手的，就接近了真愛的地步了。但能具有這樣的愛情觀，又能付諸實踐的，在現實世界中，卻是少之又少。我們可以期許自己往真愛的路上走，但若要用這樣的標準去要求自己的戀人，那就過分苛求了。

二、現實的愛情

雖然真愛無限美好，但畢竟不是人人可以做到的。在現實社會中，我們常常會去計較，誰付出的比較多一些，付出多的，則要求對方多付出一點。這樣的愛，通常都是有目的的，目的是想要從他人處獲取個人的幸福，期待對方給自己帶來幸福。這樣的愛情不屬

於無私的真愛，但卻是在大多數人的心中存在的愛情。

這種愛情最大的一個特點就是佔有慾。希望佔有對方，不希望對方變成別人的情人。為了達成這個目的，我們自然而然的會去監督對方的交友狀態，對於某些太過曖昧的關係，則表達關切，甚至憤怒的提出抗議。這種愛情觀有許多矛盾存在。

例如，戀人們通常都會為對方著想，希望帶給愛人幸福。這個想法讓人認為自己的愛是無私的真愛。但是，當愛人為了要獲得更大的幸福而決定分手時，大多數的人都無法接受。或者，多數人都不希望愛人遇到比自己更好的對象，會想辦法避免。這些都顯示戀人們的付出是有條件的，最終目的在於追求自己的幸福。也就是說，對愛人的付出看似為對方著想，但其終極目的卻是為了自己獲得更大的幸福。

由於大多數人看不清原來自己有這個利己的目的，但卻容易發現對方最終目的在於追求其個人幸福，所以，多數人都會誤以為自己是真誠的付出，但對方卻不是。當對方提出分手之後，就會認為自己是無辜的受害者。這是現實世界中最常出現的錯誤思考。這種錯誤思考有時會產生強烈的復仇心態，導致分手的戀人反目成仇，甚至互相傷害對方。

如果大家可以看清事實真相，既然大家都是為了追求個人幸福而戀愛，任何一個人遇見更理想的對象時，都會捨棄原來的，而追求更好的。既然大家都會這麼做，就沒有誰辜負誰的問題，只有誰

先遇到的問題。先遇到的，離開還沒遇到的，導致一方的痛苦。但是，反過來說，如果另一方先遇到更好的對象，事實上，他（她）也會做一樣的事情，差別只在於痛苦的是另一個人而已。既然如此，就沒有誰好誰壞的問題，只有誰先誰後的問題。

　　然而，如果戀愛的其中一方符合米蘭昆德拉真愛的定義，那麼，這份真愛自然就不會去計較付出的多寡，也為對方的幸福而感到快樂了。

三、熱戀與激情

　　戀愛最令人投入的時刻，就是產生強烈激情的熱戀時期。在這段時間裡，人的理性似乎成了愛情的幫傭，容易做出理智上不合理的判斷。強調由理性思考來主宰人生的哲學家們，像是柏拉圖與康德，都認為理智必須突破激情的束縛，才能獲得思想上的自由，也才能避免受到愛情的奴役。

　　當人們被愛慾的激情所籠罩時，會像吸毒一般沈溺在一種不管後果的甜蜜境界，而且產生各種扭曲的眼光來解讀情人的一切，忽視所有缺點，甚至還能轉變成優點：過瘦的變成苗條的、過胖的變成豐腴的（女）或是強壯的（男），甚至喜歡斤斤計較而常與人吵架的，也會變成是有正義感的。明明兩人生活已經有問題了，還覺得一切都在美好之中。這就是所謂的「愛情使人盲目」的激情作用。

　　這並不是說，激情不好。而是說，激情容易使人陷溺。但並非每個人都會讓激情駕馭理性。只要理性能力夠強大，當理智駕馭了激情之後，不僅能夠享受激情之美，還不會因錯誤的思考導致不良後果。

　　然而，無論激情的力量有多強，從人們的生活經驗以及愛情生理學的角度來看，它都是無法持久的。從生理角度探討愛情，當代人類學家費雪 (Helen Fisher, 1947–) 發現，在大腦中，這種令人陶醉的愛情主要是由三種大腦化學物質所掌控，分別是血清素 (Serotonin)、多巴胺 (Dopamine)，以及正腎上腺素 (Norepinephrine)。當這些化學物質的分泌程度改變之後，愛情也會隨之逝去。而這樣的時間，長則兩、三年，短則幾個月。同時，費雪也發現，從生理學的角度來看，激情所產生的化學變化的目的，並不是為了一個浪漫的生活，而是為了建立親密感。也就是說，透過激情戀愛的過程，大腦會加速把愛人當作是更為親密的人，就像是家人一般，從情人的熱戀轉化成家人的依附（互相依賴）性。即使激情不再，但卻轉化成為生命的共同體。如果這樣的轉化是成功的，那麼，這一場戀愛與婚姻就可以持久了。

　　然而，有許多結了婚的人為愛情已逝感到悲傷，誤以為激情的戀愛是可以永遠保持下去的，在這種失望情緒的作用下，就傾向於會想尋找一段新的戀情。但是，依據愛情生理學方面的研究，永久的激情是不可能發生的。只有在激情戀愛的過程中，培養兩人良好

的互動關係，建立親密的依附情感，在激情消褪的同時，建立持久
性的夫妻感情，雖然不夠刺激，但卻仍然能保有著平靜與美好的款
款深情。

四、愛情與學習

　　二十世紀哲學家兼心理學家弗洛姆 (Erich Fromm, 1900–1980)
認為，「愛情是需要學習的。」但是，他也指出，大多數人對愛情的
態度是「等待」，等待愛情來敲門，然後浪漫的生活就此展開。會這
樣想是因為大多數人把談戀愛類比成像是愛上一個東西一樣，例如，
愛上一首歌、或是一個藝術作品。在這樣的類比中，愛情最重要的
是找到值得愛的對象，而不用學習如何去愛。但是，這樣的類比卻
是不適當的。因為在戀愛中，對象是活的、有生命的，以及和自己
一樣，會愛也會恨的人。

　　雖然，在愛情中，也有些人會去學習，但所學的卻不是如何去
愛，而是學習如何把自己打扮得更有吸引力、學習如何穿得更美、
或者學習如何去泡妞。這些並非不好，但是，這不是愛情中最重要
的學習。

　　由於大多數談戀愛的人都沒有好好學過如何去愛，所以，即使
愛情找上門來，尤其是第一次的戀情，大多悲劇收場。那麼，在情
場中，我們需要學會些什麼呢？

弗洛姆寫了一本名著《愛的藝術》(*The Art of Loving*)，在書中，他認為，學習愛的最重要想法，就是要把愛當作是一門藝術，像是音樂與繪畫一般去學習。而學習一門藝術，最主要的有兩個面向，一是理論；二是實作。在理論方面，我們必須瞭解愛的對象，也就是瞭解人，人的思考、人的需求、人的情感變化，以及人們在意的事情。另外，人與人之間的不同點，尤其是男人與女人的差異。只有在瞭解了愛的對象之後，我們才可能知道要如何去愛。

這一點其實就道出了導致許多戀愛中人感到不快樂的主要因素了。戀人們往往都愛著對方，（即使最終是為了自己）也會為對方付出，彼此填補空虛的心房。但是，相處的過程卻充滿了爭端與憤怒。其實，絕大多數都源自於雙方的誤解，在愛的理論中，就已經不及格了。當我們不瞭解人，不瞭解愛的對象時，就不會知道如何去愛，也就無法創造出一個像是藝術品般的，真正愉悅的愛情。

在愛的理論方面，除了必須瞭解愛的對象之外，另一個很重要的部分是必須理解「付出」的真正意義。在日常生活一般的意義下，「付出」就是讓自己減少了一些東西。例如，買東西時，付出一百元，自己就減少了一百元。但是，在愛情的世界裡，付出卻不是這樣的。當我們為愛人付出了一些心血，我們享受到了付出的喜悅、享受到了對方感受到你的真誠後的欣喜、甚至感受到了自己能夠付出的能力、強化自己在愛的世界中的信心。所以，有的時候，在戀愛中，付出時所獲得的比失去的還要更多。當我們認知到這樣的情

形時，怎麼可能還會為自己的付出感到損失，以及要求別人也要有一樣的付出呢？

在愛情的實作方面，弗洛姆認為，學習愛就像是學習一門藝術一樣。必須懂得一些基本準則、必須專心一致的學習、還需要有耐心、以及期待自己能達到至高的程度。

沒有人拿起畫筆就是畫家的，也不會有人第一天談戀愛就懂得該怎麼做。但是，我們可以開始學習，首先，戀愛需有一些基本準則，像是盡量不要挑剔愛人的任何缺點、盡量包容對方、以及從任何地方（像是書本或是他人的經驗裡）學來的一些原則。但是，依據不同的人、不同的情況，往往會有所不同，那麼，我們必須在戀愛的過程中專心的學習與改變，而且整個學習過程需要有耐心，因為有可能會不斷出錯而導致不好的情況。只要保持成為戀愛達人的目標前進，最終就能與戀人完成一幅足以媲美藝術畫作的戀情了。

五、婚姻與外遇

許多人結婚的目的在於追求幸福。但是，現代哲學家狄波頓（Alain de Botton, 1969– ）卻認為，這個觀念正是悲劇的開始。因為，結婚本身不會帶來幸福。

有些人婚後真的很幸福，大多數人認為這是因為他（她）娶了個好太太、或是嫁了一個好先生。但是，好太太（或好先生）不會

永遠都是好太太（或好先生），如果換了配偶，好的可能就變壞了。決定一個人是好、是壞，取決於兩人之間的關係，而不是單方面某人的好壞。也就是說，主宰婚姻的幸福與不幸的，並不是找到一個好的對象，而是在雙方的努力下，締造出兩人和諧的關係。因此，想要追求幸福，不是依賴婚姻，也不是依賴對方，而是自己與配偶的任何互動方式，都在決定兩人的幸與不幸。誤以為找對了人，結了婚，不需任何其他努力，就是幸福的開始。這樣的觀念一定會在婚後失望之餘，以為自己找錯了人，而這個誤導，更會導致不良的婚姻關係，以致走向悲劇的結局。

然而，即使處在幸福之中，火熱的愛情仍然繼續吸引著人，像狂風一般，難以抵擋。即使已經有了美滿的婚姻，也渴望愛情。這種愛情既然不會在配偶間再次燃燒起來，那麼，外來的誘惑就考驗著每一個已婚男女。

「外遇」是一個現代人必須面對的道德課題。當然，外遇違背了婚姻的誓約，它自然不是件應該被鼓勵的行為。但是，裡面卻有許多問題是值得深思的。

從當代一種「自由主義精神」的角度來思考，我們應該盡可能尊重別人的自由。但是，自由主義 (Liberalism) 創始人之一的十九世紀哲學家彌爾 (John S. Mill, 1806–1873) 認為，自由並非毫無限制的，至少必須符合兩個基本原則，第一，認同別人也能享有同樣的自由。也就是說，當一個人認為自己有外遇的自由時，也必須認同

別人有外遇的自由。第二，一個人的自由不能傷害到別人。當外遇的對象或是配偶有可能因此受到傷害時，這樣的自由就必須有所限制了。

但是，怎樣的傷害才算是必須限制自由的傷害呢？這裡就很有爭議了。一般而言，如果有人看不慣別人穿西裝、開名車，一旦看見就會感到不快樂。在這種情況下，為了避免有人受到傷害，是否就應該限制人們穿西裝以及開名車的自由呢？這通常不在自由主義認為應該限制個人自由的範圍裡面。因為，這種傷害不是由於直接被干涉到個人自由而產生的。只要自己的觀念改變，傷害就不會造成。而且這種觀念的改變並非難事。

如果把外遇這種沒有直接干涉到被傷害的人的行為（沒有針對配偶施加任何行為），也當作是自由主義所認同的個人自由。在這個觀點上，我們或許就應該包容別人的外遇行為。把它視為一種個人生活的自由選擇。但是否可以這樣套用則是一個爭議中的問題。

然而，就算我們接受這種自由主義的解讀，我們還是可以問一個問題，這樣的選擇是否是一個好的選擇呢？事實上，雖然不同的情況有不同的考量，但外遇基本上是一個不好的選項。

有些人嘗試偷腥是抱持一種僥倖的心理，認為不會被發現。只要不會被發現，從行為所導致的結果來看（一種結果論觀點），自己可以享有愛情的滋潤，又不會傷害到配偶，這不是兩全其美嗎？

這和犯罪的心理很類似。但是，所有犯罪都有相當程度的冒險，

外遇也是。一旦被發現，所導致的結果往往是自己與配偶都無法負荷的。這樣的冒險是否值得呢？有些人認為值得，而這樣的想法往往導源於對外遇對象的錯誤評估。當人們在平靜的婚姻生活中，突然燃起炙熱的戀情，往往會認為這個外遇對象原來才是最適合自己的人。於是，會認為若不去交往，則會抱憾終身。在這種思維底下，當然要冒一下風險了。

　　但是，事實上，任何戀情都有消逝的一天。外遇只不過是一場燦爛的夏夜煙火，雖然美麗，但一樣短暫。為此而甘冒失去美好婚姻的危險，當然是不值得的。然而，對於那種已經處在瀕臨崩潰的婚姻，或是名存實亡的婚姻狀態下，外遇的發生就很難論其好壞了。

　　另一個問題是，當發現配偶有外遇時，我們又該用什麼樣的思維去面對呢？其實，就像炙熱的戀情是短暫的一般，大多數的外遇事件也是短暫的，如果沒有發現，它自己通常也會銷聲匿跡。如果持續長久，通常也都不是愛情的因素。那麼，我們該用什麼樣的態度來面對呢？

　　大多數人解讀配偶的外遇行為是一種「背叛」，而自己就成了一個受害者。這種受害者思維會強化外遇事件的痛苦，而導致雙重的傷害。然而，如果只是將其當作配偶的一個意外錯誤，或許會是一個比較好的觀點。也較為容易用一個「寬容」的態度來面對一切，而這個作法所導致的結果，應該會是最好的。

問題與討論

1. 從行為的角度來說，真愛是無私的、無條件的。從其他角度來說，真愛會是什麼呢？例如，從持續的時間來說會是永恆的嗎？從情感強度來說，應該是平靜的、還是炙熱的？

2. 請統計與討論，從個人感覺上來說，什麼樣的戀人特質最能吸引自己（長相、身材、知識、EQ、成就、浪漫、包容力、善良、經濟能力、或其他）？而從理性思考上來說，什麼樣的戀人特質最能和自己實現一個美好的婚姻？

3. 除本課談到的部分之外，試思考在愛情方面，還有什麼需要學習？並說明如果沒有學好這個部分，將會有何不良後果？

4. 如果一個正在戀愛中的人發現他（她）愛上了別人，是否有自由放下舊戀情而去追求新的戀情呢？從自由主義的角度來說，這是否是應該被尊重的自由？從結果論來說，這是否是符合道德的行為？

5. 在戀人中常見的劈腿行為（同時和不同的人以戀人的關係交往），是否也在自由主義中，屬於應該被尊重的行為？試從隱瞞的劈腿和沒有隱瞞的劈腿來討論。另外，從結果論中，這是否會被認為是一種不道德的行為呢？

6. 為什麼外遇是一個不道德的行為？試從義務論（動機）與結果論來思考。如果某一個外遇不會發生不好的後果，甚至有好的結果，這樣的外遇是否就不是一個不道德的行為呢？

第十四課

算命哲學

　　「算命」幾乎可說是現代人不可或缺的生活調劑。不管信與不信，大概沒人是沒有算過命的。只不過有些人只將算命當作是娛樂，有些半信半疑的人當作是參考，另外還有一些人卻非常的相信，甚至將算命當作是人生的指標，任何事都要算上一算，才能安心去做。然而，算命到底準不準呢？或者，應該說，究竟是不是真的有一種算命的法則，能夠準確的用來預測未來呢？

　　許多人覺得算命很準，但這種感覺並不能用來證明算命的準確度。因為，有一種說話技巧，可以讓人在多數情況下都覺得算命很準。這是利用人習慣性的「對號入座」的思考方式達成的功效。只要某些說詞的解讀彈性夠大，人們會自動將這些說詞解讀成符合自己狀況的解釋，然後自然而然就覺得算命很準了。例如，「你曾經錯失了一段可以導致美好愛情的機緣。」當我們看到或聽到這段話時，自然會去思考在自己過去的生命歷程中，是否有哪些似乎有可能導致美好愛情的緣分，然後在沒有努力的情況下就沒下文了。因為大多數人都能想到可以對號入座的經歷，在這種情況下，自然會覺得這個算命真準啊！這種情況可以解釋許多人覺得算命準的心理作用。

然而，如果我們不討論這類的說話技巧，算命究竟是否真的可能呢？

如果算命真的可以很準，是什麼力量在背後支持這個運作？如果算命實際上不準，為什麼這麼多人喜歡算命？而且很相信它呢？另外，更重要的是，如果算命真的很準，當我們知道未來會如何之後，是否可以改變它？如果不行，算命又有何用呢？如果可以，那還能算是很準嗎？這些問題都跟算命息息相關，在深入討論之前，讓我們先來思考與討論下面幾個問題：

1. 算命有哪些種類？是否有哪一種是比較準的呢？
2. 是否有人算過命，而且覺得很準，或是聽過有人算過命很準的？請提出分享與討論。
3. 如果算命的結果很準，這是否表示算命是真的有很高的可信度呢？還是有其他因素導致算命很準？
4. 算命可以算哪些事情？是否可以算出我中午會吃什麼東西？如果算得出來，我是否可以故意不吃那個東西？

一、算命是否可能？

當我們要討論「算命」時，最好先將這個詞本身分析一下，因為這個詞彙基本上是很混淆的。混淆的主要地方在於，我們要算的

「命」，指的是什麼？我們可以從下列三個可能的定義談起：

　　1.是針對未來一定會發生的事情。

　　2.是針對未來很有可能會發生的事情。

　　3.是針對會驅使某件事情發生的一股力量。

　　依據第一個定義，如果算命算的是未來一定會發生的事情，那麼，我們可以試問，這樣的事情是在（我們所認為的）自由意志的管轄範圍嗎？（例如，我明天早上會吃什麼？）如果是的話，那麼，我們就必須否認自由意志的存在了。

　　「自由意志」是哲學上一個很熱門的問題，的確許多科學家以及哲學家主張自由意志不存在，那麼，如果我明天早上會吃什麼是已經註定的了，無法改變，這種對算命的理論就還算合理。也就是說，依據這樣的定義，我們就必須否認自由意志的存在，而傾向於選擇「決定論」（未來一切都早已被決定了）的世界觀。但是，這樣的算命方式，會導致很荒謬的結果。因為，如果算出我明天一定會吃燒餅配豆漿，那我難道不能故意吃飯糰嗎？從生活經驗上來說，我們一定可以做到這點，那麼，這會導致矛盾的情況發生。因此，在這個定義下的算命，只能針對自由意志不能管轄的範圍，像是「某某人以後一定會死」、或是「某一天一定會下雨」之類的，但既然不可能改變，這樣的算命似乎也沒什麼意義了。

　　算命的第二和第三個定義是相輔相成的，某個「命」之所以很可能會發生，那是因為有一股力量驅使它發生。也就是說，這樣的

命不一定會發生，而且可以事先預防。這種定義下的算命比較有討論的空間，不像第一個定義下的算命容易導致矛盾。因此，本課就以此定義來討論算命的各種問題。

其實，這樣的預測方式可以是很科學的。例如，如果有個人脾氣暴躁，我們可以預言他會跟人起衝突；如果有人經常性的滿臉笑容，我們可以預言他會有貴人相助；如果有人喜歡飆車、或是喜歡趕時間，我們可以預言他會容易發生車禍。也就是說，這些預言完全不需要訴諸神秘的力量，用常識就可以推理出來了。

當然，這些都不屬於算命的領域。算命訴諸的是一種平常無法預測的事物，像是「財運」、「桃花運」、或是「遇見小人」、與「遭遇橫禍」，如果提早知道，提早準備或是預防，就可以見機行事與避免禍事。但問題是，真的存在有這股力量在背後運作嗎？如果真的有，古人是如何發現的？以及如果古人所發現的推測原理是對的，為什麼不準的情況比準的情況還多上數百倍、甚至數千倍？而且，是否有些算命方式比其他類別的算命方式更有準確性呢？為什麼運用相同的算命術，某些算命師似乎比其他人算得更準？為了探討這些問題，首先，我們可以把算命術分成三大類，運用「命運法則」的算命術、運用「超自然力量」的算命術、以及利用「宇宙法則」的算命術。那麼，我們分別來思考與分析坊間這幾種常見的算命術。

二、命運法則的算命術

假設從出生開始，就有一個影響的力量存在，主宰著每一個人的命運走向。例如，容易成功或是容易失敗、容易富有或是容易貧窮、在某個領域容易出人頭地而在其他領域就容易一敗塗地、或是和某類人相處容易而和其他人相處困難，諸如此類。

這個力量可以稱之為「命運法則」。如果相信每個人都有所謂的命運，而且這些命運可以從某些天生的特徵中發現，那麼，我們就可以藉由這種命運的法則，推測許多未知的真相。利用這個方法較常見的算命術是紫微斗數、八字、以及占星術。

這些算命方法認為人的生辰年月日就決定了這個人的命運，這裡所謂的命運只是一種趨勢，並不是一定會發生的命，所以，即使有歹命也可能有好的結果，而有好命也可能導致壞的結果。因此，若要從科學的角度來判斷其準或是不準，其實會非常困難。然而，我們還是可以尋找一些線索來探討。

至少，我們可以說，同一個時辰出生的人，將會有相同的命運，即使未來的個人抉擇會產生不同的結果，但至少從統計上來說，應該可以看得到一個趨勢。例如，假設在 A 時辰出生的人有最高的事業成功率；而在 B 時辰出生的人有最低的事業成功率，那麼，當我們找到許多 A 時辰出生的人和 B 時辰出生的人來比較之後，一定會

發現 A 族群比 B 族群成功的人多很多才對，否則，這樣的命運趨勢就沒有意義了。這樣研究應該不會很難，但是我們卻沒有這種成功的研究成果。

　　關於八字也是一樣，由於外國人結婚不會看八字，所以，我們可以去統計八字合與不合的夫妻，是否可以找出一個趨勢，證實八字合的確相處較為融洽，或至少離婚率較低。這樣的研究也很容易，但是，我們仍然沒有這類成功的研究成果。不知是沒人做這類研究，還是這類研究根本就無法產生任何有說服力的成果。因此，這類算命目前都只能定位在娛樂、或是民俗信仰的階段，無法產生在理智上較有說服力的依據。如果有戀人因為八字不合而被迫分手，那可真是太冤枉了。

　　然而，也有學者持不同的看法，主張這類型的算命是很有意義的。1993 年諾貝爾化學獎得主穆里斯 (Kary Mullis, 1944–) 卻認為，占星術是很值得研究的一門學問。因為有統計上的研究顯示，某些特定職業，像是醫生、律師、化學家等，其分布在各星座的情況並不平均，這很可能顯示，的確在某些月份出生的人傾向於選擇或是擅長某些特定專長。而這些跟星座或許很有關聯性。

　　然而，一般學界卻認為這樣的不平均分布很可能只是碰巧。因為在隨機分布的情況下，總是會有某些職業分布不平均，要是所有職業都剛好平均分布才會是件奇蹟。而且，就算職業和出生月份有關，也不一定就是和星座有關。或許，不同月份的不同特質，會有

我們目前想不到的影響力存在。不過，目前也沒有這方面任何比較有說服力的科學研究報告。而且，最主要讓人質疑的理由是，人的命運為什麼會和遙遠的星座息息相關呢？在古代科學萌芽之前，宇宙星辰充滿著神秘感，人們容易將其和未知命運結合。但是，當今揭開許多宇宙神秘面紗之後，這樣的結合就顯得很荒謬了。因此，我們雖不能完全否定這種算命術的可能性，但其可信度還是很低的。在出現更好的證據之前，現代人僅需要將其當作是娛樂就好，或者，最多就當作是生命路上的有趣參考吧！

三、超自然力量的算命術

許多種類的算命並不是依據一定的法則在計算，而是利用超自然力量的介入來達到預測未來的目的。在這個觀點中，我們一樣要先預設一個可被預測的未來，當然，這個未來不是「早已預定的而且不會改變的」，否則容易導致矛盾。這個被預測的未來，只能是一種較高的可能性，有一股神秘的力量正在驅使這個未來事件的發生。因此，我們可以透過另一個神秘的力量來發現這股力量，並且尋找一個途徑來趨吉避凶。

屬於這類的常見算命術像是碟仙、錢仙、塔羅牌、廟裡拜拜占卜、水晶球等等。以學生們最常玩的錢仙來說。在一張紙上，先畫一個中心圓當作錢仙的本位，在其他地方畫上許多和錢幣大小相當

的圓圈，並標示每一個圓圈的答案。然後三至四個人用食指壓住錢幣的一端，問了問題之後，在大家手指都不刻意施力移動的情況下，錢仙似乎自己會走，走到解答的地方。然後回到原位。

　　這個算命的原理是，錢仙是一股外來的神秘力量，他能知道未來許多事情，像是「某人能不能追到另一個人」之類的，然後藉由召喚他進行算命儀式，藉由他的力量與告知，讓我們獲得解答。那麼，這樣的算命可信度有多高呢？

　　常常有傳言說很準。真的嗎？我想這是真的。例如，某個同學想追一個女同學，問了錢仙之後，錢仙說會成功，於是他就開始行動，結果真的很順利的追到了。這位同學當然會覺得很準啊。

　　但是，這樣的準確一點都不神奇，完全不需要任何神秘的超自然力量。如果類似的問題用骰子來決定，偶數代表追得到，奇數代表追不到，那麼，準的機率說不定有一半左右，也就是許多用「骰神」算命的人會覺得很準。

　　在這種情況下，如果骰神和錢仙都不準的話，才會是一件很神奇的事情。就算問題更複雜一些，只要是選擇題，命中的機率就存在，而且機率愈低時，碰巧算準的人就更會大肆宣揚，但不準的人覺得很無聊，就懶得理會了。所以，我們接收的訊息常常就變成是不平均的，覺得準的會說，覺得不準的閉口，那麼，我們自然而然會覺得這類算命術在統計上是很準的了。但這些都只是人性與機率所導致的錯覺。

　　然而，問題是，錢為何會自己走呢？與其認為錢是自己走的（錢仙藉人手去驅動的），倒不如說是人手的自然顫抖，導致四人的施力失去平衡而開始移動。這樣的解釋要合理得多了。而且，既然錢仙具有超自然力量，連驅動未來的神秘力量都能掌握，怎麼會連小小的錢幣都無法移動，還需要依賴人的手去移動錢幣呢？如果錢真能自己動，以後玩錢仙就不要再動手了，這樣不是更有說服力嗎？還是堅持要把手放在錢幣上面的人，會不會太瞧不起錢仙了呢？

　　然而，即使是人在移動錢幣，最不可思議的事情是，在眾人眼睛都閉上的情況下，錢為何會剛剛好停在某個圓圈之中，又為何還會回到原點呢？如果所有人都沒有刻意去移動錢幣行走的方向，而仍然有這樣的結果，那就真的是很不可思議的事情了。但是，另一種可能的解讀是，在那三至四人當中，可能有人作弊。因為，問的又不是自己的事，而且又有傳言說，「如果錢仙用完沒有歸位會被處罰」，在這種情況下，很可能有人會作弊想要趕快完成它。而其他沒有作弊（也以為別人不會作弊）的人卻真的感覺到，「錢竟然自己在走，而且還能走回原位」，自然會對錢仙的神奇佩服萬分而到處張揚。在這種情況下，作弊的人也絕對不會自首的。

　　神秘的超自然力量存在，或是有人作弊？這兩種解讀都有可能，究竟哪一種才是事實呢？後者的機會應該較大。當然，我們一樣不排除神秘力量存在的可能性。只不過在沒有更進一步的理由支持這種神秘力量存在之前，我們最好還是不要依賴他做重要的決定，就

算真的想要算命，也只當作一個小小的參考就好。

其他像是有人會去求神卜卦，甚至詢問樂透明牌，這些也都是類似的情況。機率、人心與行為慣性的作用導致許多「很準」的傳言。但整體來說，都缺乏更合理的理由與證據來支持其可信度。

四、宇宙法則的算命術

太極生兩儀，兩儀生四象，四象生八卦，八卦又生六十四卦，生生不息，變化無端。這是《易經》所主張的宇宙生成法則，而且有人相信，只要領悟了這種宇宙生成法則，便可以預測未來。這是屬於應用宇宙法則的算命術，主要的代表就是中國古老的經典《易經》。

在討論宇宙法則的各種哲學思潮中，依據科學公式所形成的決定論，大概最適合用來當作這種算命方法的典型。對於在二十世紀之前的許多科學家們來說，宇宙的一切是依據一定的規律在運作，當初使條件確立之後，未來的一切就已經被決定了。包括我現在正在這裡所寫下的一切。在這個決定論的世界觀中，自由意志是不可能的。但只要有人能夠掌握這個規則，就能做出所有的預測。當然，只能做預測，算出來的命是無法被更改的。

當然，相信《易經》算命的人，並不認為《易經》算命是一種決定論的方式，所以，基本上算出來的未來還是可以更改的。也就

是說，雖然把《易經》當作是一種對宇宙法則的把握，但並不是那種「絕對如此」的法則，而是隱藏在一切人事背後的一股運作力量，這樣的力量也只是一種趨勢，而不具有決定性。否則，算不算命也都無所謂了。

那麼，這樣的算命是否有可能會準呢？針對這個問題，我們可以預先思考幾個相關問題。第一，這種「不確定性趨勢」的宇宙法則究竟是什麼？第二，古人如何知道這種力量的存在，而且還發明了一套方法來把握這種力量的走向？

針對這種連現代科學都無法偵測以及瞭解的力量來說，如果古人真的能夠把握它，那麼，我們只能推測，這股力量應該不真是任何一位古人所發現，否則也太匪夷所思了。或許可以假設是在上古時代，曾經有高智慧的外星人或是神所傳授。但是，如果真是如此，《易經》的力量似乎又太過薄弱。其預測力並沒有如此高明。所以，比較合理的看法是，《易經》最多只不過是有智慧的古人，發揮其高明的想像力，所形成的一個可以用來占卜的哲學理論。如果真是如此，那麼，這就可以解釋，雖然《易經》內文蘊含了許多人生智慧，但對於預測未來事件的發生，並不具有什麼特殊的準確度。

運用宇宙法則，的確可以預言未來。例如，當今氣象學對颱風路徑的預測準確度很高；對於日蝕的預言很準；人類甚至還可以預測在幾十億年之後，太陽會熄滅，以至於太陽系將會瓦解。這些預言是依據某些不變的定律在運作的宇宙法則，這些未必是不會改變

的，但預言成真的可能性很高。不過，這些預言並不需要預設任何神秘的力量在背後運作，還可以接受實驗的檢證。這樣的解釋說服力就高多了。

那麼，《易經》占卜是否潛藏著任何神秘的力量呢？事實上，沒有人能證明任何不存在的事物不存在，我們只能證明存在的事物存在，因此，要證明「《易經》不能真的用來算命」是不可能的，因為就算有人算不準，也可以說是算的人不懂。但是，和其他算命法一樣，都缺乏合理的理由以及證據來支持其可能性。在我們能夠提升其說服力之前，還是就當作是一個娛樂吧！

問 題 與 討 論

1. 如果有人告訴你他可以算命（未來會遭遇到什麼事），而且還會幫你改運（如何避免本來會遭遇到的事情），這樣的說法在什麼樣的情況會導致矛盾？

2. 假設你去算命，算命師告訴你下面幾句話：「你的命其實還不會太差，只要有充分的努力，其實還是有發展的空間，你求的事情也有可能會達成，但是一定要記住，千萬不要過度自信，否則有可能會到頭來一場空。」有誰覺得很準呢？請分享。

3. 請使用骰子或是其他方式，隨機選擇(1)你是個「多情的人」。(2)你是個「專情的人」。(3)你是個「無情的人」。所有人都試過後，統計一下，覺得還算準的人有多少？是否會大於三分之一呢？如果是的話，為什麼會這樣？

4. 是否有人經歷過，或是聽說過不可思議且難以用其他理由說明的特異算命現象？請分享。並討論這種案例是否可以用來支持神秘力量的存在？

5. 是否有什麼好的理由可以用來提升任何一種算命術的說服力與可靠性呢？

6. 在本課沒有提到的算命術中，是否有更特別值得注意的？

第十五課

女性主義哲學

　　女性主義 (Feminism) 可以說是在二十世紀才開始逐漸普及的一種思潮。但與其說「女性主義」是一種思想，倒不如說是一種運動。雖然，它有理論的一面，但其終極目的並不完全是要呈現什麼事實真相，而主要是要做一些社會上的改革。這種改革的終極目標是「男女平等」，這包含了實質上的平等，也包含觀念上的平等。

　　在實質方面，女性主義運動的目標在於追求與男性有相同的權利，這包含了就業、教育、投票，與從政。而在觀念方面，則主要在於反對歧視女性的社會文化。前者在大多數國家已有相當程度的成果，以臺灣來說，女性和男性在這些方面幾乎完全享有相同的權利。主要差別只在於，薪資還是有不平等的現象。即使在較先進的歐盟，依據 2010 年的統計，男性平均年薪為 3 萬 4377 歐元，女性為 2 萬 6390 歐元，差了近 8000 歐元，約 30 萬臺幣。而且，更大的問題在於，即使從事類似的工作，男性的平均薪資往往也會高過女性。

　　然而，也有學者認為這是合理的不平等，因為女性被保障有產假與育嬰假、甚至還有生理假，這會讓公司老闆較不願意用相同的

薪資聘請女性工作。這樣的作法是否合理，則仍是一個爭議中的問題。

在觀念方面，大多數文化也都還處在「重男輕女」的狀態。性別歧視還充斥在大多數的文化裡，男人的社會地位總是高於女性。例如，在家裡，男性依然被認為是「一家之主」，不管誰是主要的家庭收入來源都一樣。而小孩也習慣性的跟隨父親的姓。父母對兒子的期許總是高過女兒，也因為如此，在兒子身上的投資意願也常常高過女兒。在社交場合裡，男人通常也比女人受到更多的注目與尊重。這些都是女性主義者企圖改變的社會文化與風氣。

但是，也有反對者認為，女人受到輕視的主要原因，是因為女人的表現本來就比較差，所以，這是無關歧視的自然現象。例如，事業成功者男人比較多，根據歐盟研究資料，2012年，歐盟企業執行長（公司的主要領導人）幾乎都是男性，所佔比例為97.6%。在學術成就方面，男人表現得也比較好，甚至烹飪大師也大多都是男人。在這種情況下，對女性能力的輕視是自然而然的事情。

然而，女性主義者雖不否認這種現實狀況，但主張這就是因為女性經常被否定與受到歧視而導致的結果。當一個人經常受到歧視，且較不被期待時，所獲得的機會與自我要求的程度就相對變小，而且也容易導致自信心低落，這些因素都可以解釋為何女性在社會上表現相對較差。所以，女性主義者主張，這種反對女性主義的說法是倒果為因的。就像是目前西方學者在學術成就上比東方學者優秀，

這是否表示西方人比東方人聰明呢？這種現實狀態的形成因素尚有討論的餘地，很難快速下定論。那麼，讓我們先思考與討論下列這些問題：

1. 男人是否比女人聰明？或是女人比男人聰明？或是兩者沒有差別呢？試舉例說明與支持自己的主張。

2. 當女人請產假的同時，男人是否也可以因為太太生產而請產假呢？這樣是不是才算是一種平等？

3. 如果我是公司老闆，想要找個電腦工程師，假如我認為男性工程師比較好，我是否可以在應徵欄裡註明「限男性」？這樣是否會造成男女就業不平等的問題？另外，假如我想要一個私書，我認為女秘書比較細心，我是否可以在應徵欄裡註明「限女性」？如果不能限制性別，這是否是政府過度干涉個人自由？

4. 目前臺灣社會有哪些屬於男女不平等的制度或是觀念？試提出討論。並思考怎樣的改革較適當；或認為不需改革的理由是什麼？

一、不平等的時代

　　在人類歷史上，絕大多數的社會都發展出男女不平等的文化。例如，女人只適合待在家裡照顧公婆、丈夫和小孩、不適合念書與追求事業、也無法繼承遺產。在中國傳統上更講求三從四德，一個女人不僅要聽父親的話、丈夫的話，甚至還要聽兒子的話。這樣的不平等文化深深影響了整個人類發展的脈絡，身在這種文化裡，每個人的觀念會在不知不覺中受到影響，這樣的作用直到現在還可見端倪。

　　二十世紀女性主義哲學家西蒙波娃 (Simone de Beauvoir, 1908–1986) 指出，在她那個時代，女人在談論自己，或是要表達什麼意見時，就必須先說，「我是個女人」，但是，不會有男人做類似的事情。彷彿身為女人是個較為低下的人種，其意見僅供參考。

　　而在文字的發展上， 英文的男人 (Man) 等同於人， 但是女人 (Woman) 卻不是。在造字的時代，似乎就已經宣稱，女人不能代表人。而在許多人類歷史的發展脈絡上，的確也是如此。加上許多負面詞彙在造字上跟女性相關聯，像是中文的奸、娼、妒、妖、姦等等，當女人少的時候便是「妙」，只有在女人有子的時候才是「好」。由於人習慣使用語言來思考，因此，這種以男性為中心所創造出來的語言，在無形中向學習這套語言的人，灌輸以男性為主的思考脈

絡，而主宰了大眾的價值觀，形成一個理所當然的傳統文化。

當有了足夠知識的女人發覺這種不當的社會文化之後，便開始了一種爭取女權的運動，而在理論的建構上，逐漸發展出許多女性主義的觀點。經過幾百年的努力，這整個運動也獲得了許多的成績。1920 年，以民主為號召的美國終於通過婦女投票權的立法改革。而到了 1975 年也通過了 「兩性歧視排除法」。2002 年，臺灣則通過「性別工作平等法」，保障兩性在職場上，無論是求職或是薪資都不能有不平等的對待。

除了某些國家與文化仍舊持續抗拒男女平等的觀念之外，二十世紀可以說是女性在追求平等上最有進展的一個世紀，許多法令也都保障了兩性的平等。然而，到了現在，兩性平等是否已經是一個完成式了呢？其實餘毒未清，許多深植在文化裡的想法，還一直不斷的在潛移默化中教育與製造不平等的狀態。舉例來說，小孩從小閱讀《白雪公主》與《睡美人》等童話故事，這些故事在無形間灌輸兒童一些觀念：「女人最重要的就是美麗、溫柔、順從，然後等待英俊、勇敢、富有的男人。從此就可以過著幸福、快樂的生活。」這樣的觀念不僅影響小女孩的價值觀，也影響著小男孩的價值觀，當類似的各種男女差異的觀念愈普及，且愈被認為是理所當然之後，就會主宰人們的行為與人生選擇，形成一股文化氣氛，導致男女不平等的許多狀態。

為了解決這樣的問題，女性主義者還在持續的努力中。但她們

所遭遇到的敵人，除了某些大男人主義的男人之外，甚至還包括許多觀念身陷小女人思維的女人，當然，也有客觀思考的反對者。那麼，我們從幾個角度來看一些女性主義者仍然在努力的層面。

二、道德要求上的不平等

在觀念上，目前社會最常見的男女不平等在於道德方面。這種不平等的觀念深植人心，甚至學校老師們（無論男女）都會有。例如，當一個老師聽到女學生罵髒話時，通常比聽到男學生罵髒話，還覺得更為嚴重。然後會去跟女學生說：「女生不要罵髒話。」但對男學生的相同行為比較會睜一隻眼閉一隻眼，或最多只會說：「不要罵髒話」，而不是「男生不該罵髒話」。這種觀念上的不平等來源在於，我們認為女人的形象很重要，而罵髒話是會破壞形象的。這也是在觀念上對形象要求的不平等態度。為什麼女人的形象比男人更重要呢？

主要因素可能在於，女人是處在被動地位。在談戀愛時，男人主動追求女人，如果某個女人形象不好，就會讓主動者卻步，就可能導致沒人追的窘境。然而，如果社會文化改變這樣的風俗，讓女人和男人一樣都可以在戀愛方面扮演主動者和被動者的角色，那麼，這整個形象問題就跟著失去其意義，達到真正男女平等的目的。而這樣的轉變，也是女性主義者奮鬥的目標。

　　然而，問題在於，男人主動與女人被動的風氣，單純只是文化發展過程中，隨機形成的嗎？還是說，男人與女人在天性上就有某些不同所導致的呢？女性主義者偏向於認為一切都是後天所造成，因此，所有的不平等都應該獲得改變。就像西蒙波娃所主張：「女人不是生成的，而是變成的。」意思是說，一個女人之所以變成當今女人的想法、喜好，以及所扮演的社會角色，並不是天生的，而是被社會文化與教育所塑造而成的。

　　有些反對女性主義的人認為，多數女人「寧為小女人」，不喜歡爭女權（這樣比較可愛，而且女人應該可愛一點），也不喜歡打拼事業，而是喜歡待在家裡做家事、帶小孩，而且這種生活也比較適合女人。如果我們去做問卷調查，這個主張有可能是對的，許多（甚至多數）女人抱持這種觀念與喜好。但是，問題在於，這種觀念與喜好是天生的？還是被整個文化觀念與成長環境所塑造的呢？

　　反對女性主義的學者認為，某些因素是先天生理上的差異所造成的，因此，某些不平等是先天現象，不需要特別去改變它。這些爭議目前很難獲得解答，或許，當女性主義運動經過努力的改善過後，還是不能扭轉的話，才能證明這是先天的差異所造成。

　　有些價值觀則是明顯與先天無關的不平等。例如，女人外遇會被認為是水性楊花，甚至在某些文化裡是死罪（會被眾人拿石頭打死）。而男人外遇則有可能會被認為是很厲害。就算以當今臺灣的文化來說，在一群女人的聚會裡，不太會有女人高談其外遇風流史；

但在一群男人的聚會裡，男人則較有可能誇耀自己的外遇記錄，而且愈多愈了不起，甚至還會受人羨慕。但女人則是愈多外遇對象則被認為愈下賤。這種價值觀上的不平等，基本上比較跟天生特質無關，純粹是對男女類似行為的不同標準所導致。女性主義者認為，如果外遇應該被譴責，那男女都應該被譴責，如果可以被包容，那就兩者都應該被包容。這樣才是男女平等的社會文化。

三、職場競爭上的不平等

雖然當今臺灣社會已經很少有什麼工作會限制性別，連許多傳統上認為只有男人能勝任的工作，像是搬運工、軍人、總經理，大都可以看見女人的身影。然而，雖然在制度上，女性主義已經獲得相當程度的成果，但是，許多舊有觀念上的限制，還是會讓女性在職場上受到不平等的待遇。例如，女性通常要花費比男性更多的努力，表現出比男性更高的能力，才能獲得和男性一樣的肯定與職位。這是因為女性的能力在社會一般觀念上受到歧視。

當一個西方人初到臺灣工作時，只要他有一次好的表現，能力馬上就會受到肯定。那是因為大家有著「西方人能力比較強」的刻板印象。但是，當一個臺灣人初到西方工作，只有一次好的表現是沒什麼效果的，必須連續幾次好表現，能力才會慢慢受到肯定。因為，東方人的能力基本上是受到歧視的，這種歧視現象不僅在西方

世界，甚至連東方、以及臺灣都有。這就和女性的能力受歧視一樣。

在這種歧視的文化環境中，自然會影響女性的升遷。而且影響力不僅於此。當一個主管不信任女性的能力時，自然也比較不會把重要的工作交給女性員工去負責，這麼一來，也就限制了女性展現能力的機會。一旦主管大膽把重要工作交給女性員工，只要一次失敗，能力馬上就會被否定，而且很難再有其他機會。但對男性員工卻比較不會如此。

另外，受到歧視的群體也常常不太敢毛遂自薦去負責重要的工作，因為這要擔負的風險較大，萬一失敗，受到的譴責更強。那麼，這也就讓女性積極追求表現的慾望降低。而且，更麻煩的是，身在這種文化下，女性本身也容易受到影響，導致對自己的能力也很懷疑，甚至很沒信心，在這種心態作用下，甚至還會去避免負責重要的工作。那自然連證明自己能力、以及在失敗中學習的機會都沒有了。

就算女性願意嘗試接下較為重要的工作，但通常也會因為比較害怕失敗而不敢勇於創新，只敢依循舊有的處事規範，那麼，即使成功，也不會有令人刮目相看的成績出來。所以，這樣的歧視文化，對於企圖追求事業成功的女性來說，會是一個很大的阻礙。這種情況導致，真正能夠透過自己的努力（而不是透過關係），而達到事業成功的女性變得少之又少。但如果沒有這樣的歧視，女性在職場上的表現應該會比現在好很多倍。

　　所以，追求在能力上不被歧視，是女性主義的一個努力目標。但事實上，由於當今女性成功者真的相對較少，因此要改變能力上的歧視非常不容易。這不是透過鼓吹就有用的。這需要更多成功女性的案例來掃除歧視的文化價值觀。久而久之，這股歧視的現象就會愈來愈弱，甚至達到觀念上真正平等的地步。在這之前，真正需要努力改變這種觀念上的歧視的人，其實反而是女人。先讓自己不要歧視身為女性的自己，如果想闖出一片天，就必須先揮去自己心中歧視的陰霾，勇敢去實踐自己的夢想，不被失敗的經驗擊倒，才會有成功的機會。

四、裸胸權的爭議

　　在公共場所，男人打赤膊是不禮貌的行為；但如果一個女人做出一樣的事情，則是妨害風化的違法舉動。基於這個不平等，某些女性主義者認為，這種在法律上的不平等也應該要取消。所以，在世界各地，經常會出現裸露胸部的女性抗議遊行隊伍，當然也吸引了許多人的目光。

　　反對女性可以在公共場所裸露胸部的主要理由在於，這會有害善良風俗。簡單的說，就是把女性裸胸當作是一件猥褻的舉動，而不是性感的展現。適當的裸露是性感；不適當的裸露則是猥褻。然而，這個適當與不適當的標準為何呢？

　　如果聽說有女性要裸胸抗議，會有許多男人爭先恐後的去欣賞，然後覺得「賺到了」。但如果是裸背抗議，大概就不會吸引多少男人的興趣了。而男人裸胸抗議當然也不會吸引任何有興趣的目光。從這個差異，我們就可以發現適當與不適當的一個標準了。那麼，這是否是一個否定女性可以擁有裸胸權的理由呢？

　　由於這種「賺到了」的觀念與想看的目光可以是後天造成的，所以主要問題在於，這樣的差異究竟是先天的，還是後天價值觀所造成？

　　我們可以試想，如果在數百年前，有一群女人想要裸背抗議，或甚至只是裸肩、露乳溝、露大腿，那麼，是否會吸引一大群男人圍觀，並且覺得「賺到了」呢？在當時的價值觀中，應該會有這樣的情況發生。而且，我們也發現，許多非洲部落女性總是露出乳房，並不會讓當地的男人感到好奇，甚至有覺得賺到了的感覺。而且在中東地區，某些較保守的文化認為，女性騎機車或開車都是會讓人引發遐想的淫蕩行為。從這樣的比較來看，我們傾向於認為，這其實是後天價值觀所造成。如果女性裸胸成為一件普通的事情，大家就不會覺得是一件大不了的事情。所以，基於兩性平等的角度來看，這樣的法律似乎是沒有必要的。

　　然而，問題在於，在現代社會，如果沒有法律限制女性在公共場所裸胸，那麼，其實大多數女人也不會這麼做。這麼一來，也不會有習以為常的情況發生。而這樣的開放就有可能被利用，像是夜

店合法請辣妹裸胸跳舞，或是電視臺用裸胸女來增加收視率，這可能會讓文化往更低俗的方向前進。從這些對社會可能造成的後果來思考，這樣的法律存廢就還有待深思了。

五、兩性差異

有些較為極端的女性主義者主張，所有男女之間的差異全部都是後天的。但是，當代人類學家海倫費雪 (Helen Fisher, 1945–) 則指出，有這種主張的人一定沒有養過男孩與女孩，小孩從小就可以發現男女的差異。這與教育無關。而且，男與女的大腦天生就已經決定了生理上的差別。

男人與女人，天生在生理上有許多的差異。這些差異自然會產生許多不同的個性與心理的發展。如果兩性的不平等完全是立基於這種生理上的差異，那麼，女性主義者也通常會傾向於接受這種不平等，但是，女性主義者大多認為，男女生理上的差異不是男女不平等的主要來源，而是文化與教育等後天環境所導致。那麼，事實究竟如何呢？

從男女心理上的差異來說，這種差異甚至到了無法溝通的地步。這使得男女之間很難互相瞭解，這也是造成男女吵架、不合、甚至婚姻失敗的主要原因之一。當代著名的心理諮商師兼兩性專家格雷 (John Gray, 1951–) 博士就做了一個有趣的比喻，他說，「男人是火

星人；而女人則是金星人。」意思是說，男人與女人就像是生活在不同星球的人，擁有不同的語言（雖然文字相同，但意思和用法都不盡相同）與不同的行為模式，造成互相錯誤的解讀。

以處理壓力的方式來說，男人想要趕快解決問題，否則會一直心神不寧；而女人則想先把問題說出來，因為對女人來說，光是說一說就已經可以先降低壓力了。但是對男人來說，談論問題而不去解決，只會讓人愈來愈煩。所以，當一個女人在談論她遇到的問題時，一個體貼（但不懂女人）的男人會一直打斷女人的話，一直提出可能的解決方案，因為男人覺得解決問題才是最重要的。但是，當女人透過談問題在抒發壓力的時候，卻一直被中斷，則（對不懂男人的女人來說）會感覺到這個男人完全不關心自己。因此，誤解就發生了。而誤解可能會導致衝突，然後彼此都認為對方不可理喻。

從男女大腦構成的差異中，可以找到這種男女差異的解釋。由於女性在處理情緒的大腦部位，和語言區有高度的重疊，所以導致男女之間會有這樣的差異。也就是說，如果這樣的解讀是事實的話，那麼，我們就找到了男女之間導致心理差異的生理基礎，換句話說，男女之間的某些心理差別是天生的。

從演化論的角度來看，許多人類學家也傾向於認為，男人較偏向於劈腿，而女人較為專情，這樣的心理現象也是天生的。因為男人的劈腿有演化上的優勢，能找到愈多女人幫他生小孩的男人，較能把自己的基因流傳下去。但女人由於天生體力較為弱勢，在古代

（尤其是狩獵時代）必須依附在男人的保護下才能存活，而且一生中能生產的數量極為有限，也必須好好照顧自己的小孩才能保留自己的基因。在這種情況下，愈有體力優勢且會劈腿的男人的基因流傳了下來，而愈是專情且喜歡照顧小孩的女人的基因流傳下來。久而久之，在這種天擇的篩選下，男人與女人的差異就愈來愈明顯了。

所以，依據這樣的生理基礎，就能主張女人天生比較適合在家照顧小孩。從這角度來說，這種觀念就不完全是由文化所造成，而在某種程度上是天生的性格了。然而，這些理論事實上也都還在爭議中。而且，「男人較喜歡劈腿與外遇」也有可能只是一種錯誤的迷思，可能只不過是由於男人愛張揚，而女人傾向秘密進行，因此導致資訊不平均而形成的一種假象。

另外，就算是天生的，也不表示需要被法律所約束。例如，異性相吸是人的天性。女人的出現會引發男人的遐想，而且裸露愈多，遐想愈強。所以在中國古代，不僅要求女性穿著應保守，而且還應盡量避免拋頭露面。在中東某些保守的國家，女性外出還必須蒙上面紗，不准「露面」，以免引起男性遐想而導致不良後果。從一個不希望讓社會因為這種人類天性而引起爭端或是犯罪的角度來看，這樣的作法或許是有一些意義的。但是，為何要限制女人的行動呢？如果限制男人外出行動，不也是一樣可以達到相同的目的嗎？另外，為了預防某些類別的犯罪而限制女性（或男性）的自由，這是否合理？

　　在女性主義者追求兩性平等的道路上，還有許多尚未有定論的觀點，需要依賴未來學者的分析與討論，才能得出更合理的共識。

問題與討論

1. 假設一個搬家公司提供許多搬運工的工作，因為女性的體力通常比男性差，所以，規定男性起薪三萬元；女性起薪為兩萬五千元。這樣是否合理？

2. 針對男女外遇的不平等價值觀來說，是否有可能是因為人們天生對男人外遇比較不介意，而對女人外遇比較介意？如果這真的是天生的，那這種不平等文化是否也應該要修改呢？

3. 如果被要求要舉辦一個班級活動，你認為自己可以勝任嗎？理由何在？無論可以或不可以，請把理由寫下來，並且比較全班男女之間的差異。

4. 如果接受女性的裸胸權（可以自由在公共場所裸胸），然後禁止藉此進行任何商業行為。這樣是否就兩全其美了？還是有其他問題需要考慮？如果開放裸胸權，也不管其任何相關的商業行為，是否在一段時間過後，大家也就見怪不怪而沒有什麼影響了呢？

5. 試思考，男女還有哪些本課沒有談到的差異？這些差異主要來自於天生，還是來自於後天？

第十六課

中國哲學

　　中國的儒家、道家或是在中國改造而形成的佛家與禪宗思想都算是中國哲學。而中國哲學和西方哲學最大的差別在於其主要目的不同。西方哲學主要目的可以說是在「尋找真理」；而中國哲學的主要目的則在於把自己轉變成一種理想的人格。無論是儒、釋、道哪一家，最強調的都是個人內在的修煉，從一個平凡的人，經由一些修行使自己轉化成聖、成佛，或成為真人。

　　從這個角度來看，中國哲學家們通常都有不錯的情操與德性。但是，這樣的理解卻不能用在西方傳統哲學上。大體來說，西方哲學傳統強調的地方不在修行，不在轉化一個人的人格，而較偏重在訓練一個清楚的思想與辯證能力，並且追尋萬事萬物的真理。當然，西方也有些哲學重視如何轉化一個人，而東方哲學也有尋求真知的部分，差別在於其最重視的層面有所差異。

　　西方哲學所強調的「清晰的思維」，除了組織、分析，以及推理之外，還包括能夠明白表達。當思考一個問題時，不是只有自己覺得自己知道就好，而是要能夠清楚的說出來，這一點和中國哲學也有著很大的差異。在中國哲學中，許多最重要的知識，都是不能明

白表達而必須去體會的。以儒家為例，孔子講仁、孟子講義、王陽明 (1472–1529) 講的良知，都需要親身體會，然後瞭解其奧妙，沒有人能把這些東西清清楚楚的講完全。體驗或是所謂的體證（由身體力行的實踐去證實）在中國哲學中是必須的，而且即使能夠體證，也不太能說得清楚。

　　在道家中，老子就開宗明義的說，「道可道非常道」，「道」是道家的核心概念，而這個核心概念卻是無法被清楚表達的東西。在當今西方哲學，凡是講不清楚的東西大都難以站上學術的殿堂，只能當作是旁門左道的研究領域。這樣的西方哲學傳統的好處在於，哲學家們需要盡可能的把能說清楚的地方說清楚，而難以說清楚的地方也想辦法說清楚，對於根本說不清楚的東西，也想辦法旁敲側擊的表達出來，只有當人們盡最大的努力去表達時，才能真正擴展語言的傳遞領域，讓知識更能普及。相對的，當中國哲學傳統一開始就宣告其無法表達，大多數的人也就不再企圖去表達，而只強調個人的體會。這樣的中國哲學傳統的壞處是寫出來的文字較容易被曲解，好處則在於比較能夠將哲學內化到個人的生活與人格之中。

　　既然研究中國哲學的目的在於轉化一個人，那麼，我們可以思考看看，一個現代人在學習中國哲學之後，可以轉變成什麼樣的人呢？是以理想的古人為榜樣，還是在不同的時代裡，會產生出不同的風範？這應該是對當今社會的人們更為重要的議題。那麼，我們先來思考下列問題：

1. 印象中，一個古代儒者是怎樣的人？作為一個標準的現代儒者，是否會有什麼不同呢？試舉例說明。

2. 印象中，一個古代道家是怎樣的人？作為一個標準的現代道家，是否會有什麼不同呢？試舉例說明。

3. 印象中，一個古代佛家是怎樣的人？作為一個標準的現代佛家，是否會有什麼不同呢？試舉例說明。

4. 現代聖人、真人、悟者，是怎樣的人，在行為與生活上，和古代是否有所不同？

5. 在現代世界，聖人、真人、悟者，哪一種人對社會幫助最大？哪一種人對人們幫助最大？

一、儒　家

儒家由孔子所創，強調一切皆以仁心為最高準則，仁心則為在人的本性中所具備的一種愛人之心。孟子主張「惻隱之心」是仁心的開端。而對於這種人的本性有著很生動的描述，他說，試著想像一下，當我們看見一個小嬰兒在野外爬著爬著，快要掉到井裡面時，我們會怎麼想、以及怎麼做呢？我們是否會去思考幫助他會得到什麼好處？我們是否會去思考他的父母是誰，然後評估值不值得我們去救他？事實上，我們根本就不會考慮這些問題，而在第一時間，

我們會立刻行動，阻止他掉到井裡面去。這種直覺反應直接呼應著我們的內在本性，我們不清楚為何人類有這樣的本性，但我們可以確定它的存在，這種內在本性就是惻隱之心，也就是仁心的開端。

儒家認為，我們需要時時刻刻捉住這個內在本性，甚至不能離開它，讓這仁心內化成為我們的一部分。然而，為何要這麼做呢？依據《中庸》的記載：「天命之謂性、率性之謂道、修道之謂教。」意思是說，這種本性就是天命，也就是人類天生應走的正確人生道路，只要依據仁心的指引，我們就能夠完成這一生的使命。所以，正確的人生道路（道）就是遵循著這種本性的引導。然而，對於尚未能掌握個人「仁心」的大多數人來說，常常會走偏人生的道路。這時就需要教育，所以，教育的目的，也就是讓我們能夠把握這種本性，並且修正偏離的人生道路。

儒家聖人透過制定禮教來告訴人們，在未能把握仁心的情況下，在什麼樣的時候，該做什麼樣的行為，才是符合仁心的。一般人可以透過對禮的認識，約束個人行為，逐漸體會禮背後所代表的仁心。

例如，現在很多大學生喜歡穿拖鞋到學校上課。理由是這樣很方便，減少穿鞋的時間，甚至覺得這樣很酷。然而，在禮教（社會道德規範）方面，這是不禮貌的。為什麼這樣做不對呢？依據儒家的觀點，禮的背後必然有一個仁心作為支撐點，否則，這樣的社會規範就沒意義了。穿拖鞋上課之所以是不禮貌的行為，那是因為這樣做對老師們是不尊重的。就好像跟一個老朋友有約時，當我們不

修邊幅，穿著隨意，給人的感覺就是「跟我見面是一件很隨便、不被重視的事情」。由於，這樣的態度是不合內在仁心的，如果我們重視老朋友、尊重授課老師，那麼，我們的行為就應該表現得符合這個仁心。

所以，儒家主張每個人都應遵循禮教。各種禮教的制定是依據仁心而來。仁心告訴我們應該要孝順父母，那麼，依據這種仁心，我們便知道什麼樣的禮節才是適合用來與父母相處。例如，對父母大呼小叫的，這絕對不符合孝順的仁心作用下的行為，而出門與回家時都先跟父母打招呼，而且必須態度溫和，這才是符合仁心的禮節。

在球場上比賽，輸的一方通常禮貌上要對贏的一方說：「真是精彩的比賽！」這樣的說詞在於肯定對方「贏得漂亮」而能讓人感到開心。而贏的一方應該要回答，「只是運氣好而已。」這些禮貌說詞的用意都是在化解比賽時的爭鬥之心，讓雙方在競爭之後，能在這種為人著想的說詞中，更和睦相處，達到君子之爭的目的。這是禮背後的仁心作用。因此，說這些話時，應該盡量讓自己有這些考慮對方的心境，而不是敷衍了事的說說就算，久而久之，仁心便可以透過這種禮的鍛鍊逐漸明白起來。

由於多數人並非清楚瞭解仁心的作用，因此，就有所謂「禮教吃人」的說法。認為禮教純粹是找人麻煩，沒意義且沒必要的規範。然而，當代社會價值觀一直在改變，許多禮教的確逐漸不合時宜。

例如，即使是孔子非常重視的守喪三年的禮教，就已經不再適合現代社會。對於許多不在意學生穿著的老師們來說，即使學生穿拖鞋來上課也不會有不被尊重的感覺。也就是說，禮教的遵循與否，以及該遵循哪些禮教，這其實是一個可以重新廣泛討論的時候。究竟哪些禮教應該繼續保持？以及哪些禮教需要修改甚至廢除？都是現代儒者需要思考的問題。

　　也就是說，身為一個現代儒者，我們的第一個目標當然就是要時時刻刻把握仁心的脈動，但在未能完全把握仁心的時候，我們循著古人制定下來的禮節來遵守。但是，由於社會環境的變遷，並不是每一個適用於古代的禮節都適用於現代，因此，我們必須思考怎樣的改變才是最符合儒者的行為規範。

　　古代見到大官時，適當的禮節是必須下跪的，表達一種崇敬的態度。雖然，我們還是應該對上位者保持崇敬的態度，但是，現今社會不再用下跪這樣的方式表達，而改用其他方式。例如，鞠躬、敬禮、或是其他適當的方式。

　　當今社會，在許多方面，許多人已經不清楚某些狀況的適當禮節應該為何，而且，也缺乏聖人出來制定一套適用於現代人的禮教。這樣的狀況實際上已經逐漸脫離了儒家的社會體制。

　　例如，怎樣與長輩、父母、以及師長交談才是正確的？在不同的場合，怎樣的穿著才是適當的？在臉書上寫炫耀文是否符合仁心？常常在臉書上抱怨別人是否適當？跟朋友相處時，如果發現朋友有

過錯，應該告訴他，還是當作不知道？如果發現長輩或上司說錯話，或是具有錯誤知識，應該說出來嗎？

　　由於價值觀的轉變，許多行為是否符合禮，已經愈來愈不清楚。所以，我們也不應該依據舊有的禮節來譴責別人。這時我們必須思考這樣的行為是否符合仁心，如果符合，違背舊有的禮節就不是什麼大事了。如果不符合仁心，即使符合禮，也是不能接受的。然而，當我們尚未能夠直接反思仁心做判斷時，就只好跟人討論看看，或是詢問更能掌握仁心的儒者，看看什麼樣的行為，才更能符合現代人的禮教。

二、佛　家

　　佛教，在信仰層面是一個宗教，在理論層面則是一門哲學。依據佛教所言來主導人生的「信仰者」，稱為佛教徒；而將佛教理論視為一門哲學，並且主張這門哲學具有較高可信度的，稱為佛家（佛學支持者）。但基本上無論是佛教徒或是佛學支持者，在現代社會，大多會有相當程度上的信仰，以及相當程度上的「對佛教經典的自我詮釋」，很少有純粹的信徒與純粹的佛學支持者，所以，我們在此一律稱之為「佛家」。

　　佛家基本上相信「輪迴」(Reincarnation)。在當今社會裡，我們經常會在許多報章雜誌看到輪迴的案例，像是許多小孩在很小的時

候具有某種特殊的知識，或是具有某些不同人的回憶，而且經過事後的調查，發現這些大都是真有其事，而不是只是胡言亂語。所以，依據這些報導，我們傾向於相信輪迴是個事實。

但是，如果我們抱持一種較為挑剔的懷疑精神，期待這些案例可以獲得一個較為科學的證明，那麼，我們會發現，這些大多數的案例其實都有可能是虛構的。這個部分與其說是「不科學」，倒不如說是「非科學」。因為，這類案例本身就十分難以科學的方式來證明。

舉例來說，一個相當特殊的案例來自於一個美國基督教家庭（基督宗教基本上不相信輪迴），一個兩歲又兩個月的小孩開始一連串驚恐的惡夢，他反覆夢見自己在一架著了火，正在墜毀的飛機裡無法出來（這種夢很難用「日有所思」來解釋，因為這個年紀的小孩不該具有可以構作這種夢境的知識）。而後陸續發現他具有某些連他父母都不具備的關於戰鬥機的專門知識（這更難以解釋這種知識的來源），甚至後來還憶起他是第二次世界大戰時期的美國飛行員，從那托馬灣號航空母艦（記得名稱）起飛，而後遭日軍擊落，而其軍中好友名字是傑克拉森（事後調查確有其人其事）。當這個案例被大幅報導之後，他還去參加「前世」同袍的聚會，並且可以認出許多人來。這整個故事被記錄下來，成為一本暢銷著作。

如果書中記載全部是事實，我們傾向於認為這是由於轉世輪迴的作用產生。我們可以透過科學方法證明這個小孩知道某些「照理說」他不可能知道的事情。但是，我們永遠無法透過科學方法證明

這些知識（或記憶）真的來自於「前世」。我們甚至可以假設是其父母因為想要獲得暢銷書的利益，或是某些不明的理由，串通別人來演這場鬧劇。就算我們相信其父母沒這麼無聊，最多也只能得出的結論是：「小孩的知識來源不明。」因為，沒有科學方法可以證明這些知識來源真的是所謂的「前世」。當然，我們可以說，「知識來源於前世」是個很合理的假設，甚至也可以說是最合理的主張，但這樣的說明早已跳脫科學的層次，而進入到哲學的層次了。

輪迴是佛學的核心思想。科學就算不能完全證明輪迴，我們還是可以當其為一種宗教上的信仰，或是哲學上一個很合理的理論。那麼，我們便可以問，我們究竟為何要輪迴呢？這也同時是在問人生的意義為何？佛學的基本答案是：「為了成佛。」人間是一個修行的地方，修行的目的是要轉變一個人進入佛的境界。那麼，我們要如何修行呢？

依據佛教創始人，佛陀 (Buddha) 的解答，成佛的法門（途徑）有非常多種。不同的人適合於不同的方法。所以，佛教分出了許多的宗派，各個宗派有不同的修行方式，但其目的都是一樣的。

發源於中國的禪宗講求「頓悟」(Sudden Enlightenment)。認為我們需要鍛鍊一種可以看穿一切人間假象的智慧，一旦我們發現這一切困惑、障礙、痛苦、快樂，都是由一種假象所製造出來的虛幻境界，當我們可以不再沈迷於這種由虛假所圍繞的雲霧之中，在那撥雲見日的剎那裡，我們便明白了一切。這時，我們會感到一種遇

見真性的喜悅，也就領悟了「一切皆空」的奧義，成為一個悟道者。

　　然而，類似像這樣的法門並不適用於所有的人，因為其所需的智性難度很高，勉強去走這條路，反而可能愈走愈鑽牛角尖，以至於愈走愈遠離悟道的目的地。

　　在所有法門中，淨土宗 (Pureland Buddhism) 的方法最簡單，只要時常念誦「阿彌陀佛」(Amitabha) 就可以了。但這並不是說，只要念誦阿彌陀佛就可以悟道成佛，而是說，經常念誦阿彌陀佛，心中便有阿彌陀佛的形象常駐。由於阿彌陀佛是無限光與智慧的化身，這樣的作用也能轉換一個人的心念，而與佛接近。

　　阿彌陀佛是眾多佛中的一位，祂掌管了眾多淨土之一的西方極樂世界。當人生命結束時，由於常念阿彌陀佛的人的心與阿彌陀佛接近，這樣的心靈會形成一股願力，這股力量表達了前往西方極樂世界淨土的願望，這會讓西方極樂世界的使者來接引靈魂前往，並且可以留在那裡繼續修行，直到解脫成佛。

　　這個部分自然就有較高的宗教信仰成分，也屬於非科學的領域。甚至哲學也很難找到好的論證來支持其合理性。但是作為一個引導人生方向的燈塔，也會在克服人生苦海的過程中，具有很大的支持力量。

　　那麼，作為一個現代的佛家，有什麼特別與過去不同的注意事項嗎？

　　現代與過去最大的不同，應該是號稱悟道者或成佛者的人數眾

多，而且真假難辨。現代社會或許由於資訊發達，以及人心比過去更需要宗教的慰藉，所以，出現許多以佛為號召，但實際上卻以斂財為主要目的的團體。這會是現代人需要學習去分辨的重要部分。

這個部分其實真的很難做到，因為宗教團體的確需要經費，不管是真是假，都會希望信徒捐錢，難以從這個部分判斷其真假。若要從其佛學理論來判斷，這不是一般人能夠做到的事情，而且就算是佛學學者，也常常有意見不合的時候。

一個最為簡單的方式是，瞭解所有善男信女所捐的錢都到哪裡去了。如果全部都有合理的交代，帳目清楚，那麼，這樣的宗教團體就不太可能會是以斂財為目的了。如果難以做到帳目清楚，那麼，這就會是非常可疑的了。然而，帳目也可以作假，這就需要從更多的不同角度來思考了。

三、道　家

道家可以說是一種從反面思考的哲學。或者說，是一種在固有價值觀中，發現事物具有不確定性的思想。舉例來說，儒家主張用聖人制定的（源於仁心的）禮教來約束人民，並且讓人民從禮的行為規範，逐漸體會仁心的作用，進而成為君子、甚至成為聖賢。這個理想原本是好的，但是，實行的過程中，卻會有許多人固執於禮教本身，而忘了（仁心的）本，所以，有可能產生本末倒置的現象。

反而讓人只看見禮教而忘了最重要的內心感受。基於這樣的後果，道家認為，當我們不去強調仁義的行為規範，也不去拘泥禮教的規範時，人們反而更能發現內在的本心，並且過一個真正有仁義心的生活。

而當人們都強調強者時，道家反而去強調弱者的功用。例如，在一個鬥毆的混亂中，即使再強的人，當無端被捲入時，還是很可能會受傷。但是，一個無意間被捲入的嬰兒卻很有可能毫髮無損。因為嬰兒實在太弱小了，弱小到對人完全沒有威脅，因為他沒有威脅性，所以也不會遭受到任何主動的攻擊。

道家宗師莊子也曾舉例說，一棵無用的樹木卻可以有不被砍伐的命運。當然，道家並不是說，弱小就一定比強大更好；無用就一定比有用更能保全。莊子也說，一隻不會啼叫的無用之雞，卻可能有著最早被殺的命運。道家只是藉由這種從反面的思考，發現事物與價值其實沒有一定的準則，各有其優缺點。只不過人們往往誤以為強者、有用者都是好的，而弱者與無用者一定都是壞的。

道家也主張，「無為」事實上也有好的一面。我們通常都認為，一個政治人物、父母、師長，都應該積極的負責，做好各種建設、教育子女、教導學生，這是一種「有為」的觀念。然而，在許多方面，無為甚至比任何作為都還要有利。

當政治人物為了提升經濟刻意操弄一些政策的時候，有時反而危害經濟的成長。如果什麼都不做，讓公司行號各自努力，自由競

爭，有時反而更能振興經濟發展。在對小孩的教育方面，許多家長與老師們刻意為學生做了許多的安排，甚至強迫他們往某個（大家認為較好的）方向去走，有時反而造成反效果。許多後來非常成功的人往往是不遵行常規的叛逆者，或是在沒有被刻意安排的情況下，自己走出了一片天。

由於道家從事反面思考，容易發現在常規以及大眾價值觀之外的優點。例如，大家都在抱怨政府無能的同時，道家的眼光可以帶領我們看見在其背後，市井百姓們倍增的活力。例如，政府無力人道處理流浪動物的同時，卻可以激發民間各種關懷流浪動物的舉動。而這有助於散播「愛」的觀念，以及讓許多人學習如何關心弱小的生命。也因為如此，道家跟隨者時常會有與眾不同的想法，也就較容易做出與大眾相異的行為，容易被認為是怪人，或是奇人而受到矚目；但也容易因為違背了世局的觀點而遭到歧視，或遭受世俗之人的誤解與唾棄。

除了這類反面思考之外，道家認為我們學到的各種知識其實都是死的，活的知識（道）只能存於人心，而無法訴諸文字。當人們被這些死知識沖昏了頭，就失去了一個人的本性。因此，道家主張人們應該放棄所有書本上學到的死知識，讓人們的內心脫離這些污染，回到原始純真的本性中，反璞歸真，成為一個真人。當一個人成為真人之後，就可以進入到一種自在、自得的境界，悠遊於天地之間。

問 題 與 討 論

1. 孔子提供一個判斷仁心作用的準則，就是「汝心安乎？」（當你這樣做的時候，你可以心安嗎？）假設小明說，我作弊時感到很安心，一點都不覺得這樣不對。那麼，對小明來說，作弊是否就是適合於仁心的呢？

2. 把流浪狗安樂死的制度，是否算是違背仁心？

3. 我們該如何分辨一個宗教團體，是真的以傳播佛法為主，還是以斂財為主的呢？除了帳目清楚之外，還有哪些角度可供參考？

4. 試思考，儒家的聖人、佛教的悟道者（或佛）、以及道家的真人，他們有何共通點？有何相異之處？

5. 作為一個學徒（儒家的君子、佛教的佛教徒、以及道家的跟隨者），哪一種人會比較適合於現代社會？你個人比較希望自己是哪一種人？

6. 如果你發現有人違規在非吸煙區抽煙，但當時並不影響到任何人。這樣的行為是否適當？如果他是儒、道、佛其中之一的追隨者，那最有可能是哪一個？理由為何？

第十七課

新時代哲學

　　「新時代」(New Age) 是一個從二十世紀晚期才開始興盛起來的運動與思潮，這樣的思潮影響了許多生活層面，像是生命觀、生活態度、藝術設計、音樂、甚至健康與醫療方面。這股思潮在哲學理論的建構上並不完全統一，其觀點與歷史上許多宗教與哲學類似，但基本上與佛教（以及早期的印度教 (Hinduism)）最為接近。不同的新時代運動哲學家或是學派，也在某些地方有不一致之處，但仍有許多共通點。

　　在臺灣被引進的主要思潮來自於印度著名的哲人克里希那穆提 (Jiddu Krishnamurti, 1896–1986) 與奧修 (Osho-Bhagwan Shree Rajneesh, 1931–1990)，以及美國靈媒珍羅伯茲 (Jane Roberts, 1929–1984) 透過冥想 (Meditation) 與高階靈賽斯 (Seth) 的對話所寫出的大量文字，稱為《賽斯資料》。類似的「資料」還有由尼爾瓦爾許 (Neale Walsch, 1943–) 透過和神的對話所寫下來的 《與神對話》 (*Conversations with God: An Uncommon Dialogue*) 系列書籍。

　　除了這些從悟道者口中以及透過靈界或神的訊息之外，有些觀點也普遍代表著新時代精神，像是在暢銷書《秘密》(*The Secret*) 一

書中所提倡的「吸引力法則」(Law of Attraction)，主張只要方法正確，就可以「心想事成」，也是新時代思潮的重要觀點之一。

　　這一系列的思潮正在社會上普遍的流傳中，但實際上並沒有正式踏入哲學殿堂，也還沒有成為主要的哲學課程。主要原因在於，其宗教成分仍然大於哲學成分。如果用一種哲學思維態度中最重要的懷疑的心態去閱讀，便會發現許多格格不入，甚至難以認同的觀點，而且也難以被其中的理論說服。但如果用一種較為信仰的態度來面對（先信再說），相信那些印度聖人真的是悟道者，瞭解了生命的最終解答；或是相信賽斯真的是高階靈、以及相信與尼爾瓦爾許對話者真的是神的本體；當我們從這個角度去思索裡面的文字時，則可能會發現裡面有些很有用的觀點，甚至對人生產生巨大影響。這是宗教本身所具有的特質。有時作用並非來自我們所相信的事物，而是來自於我們的「相信」本身，就像是心理學界所支持的「安慰劑」與「正面思考」的強大療效。

　　但是，新時代運動之所以受到普遍的重視，以及發生在許多人身上的特殊體驗，也不適合用安慰劑的角度來思考。至少，許多人在從事某些「靈修」之後，獲得許多在宗教領域備受肯定的冥想經歷，可以算是一種特殊的「自我知識」。而且，新時代運動裡面所提的許多觀點，無論是否真的來自於高階靈或是神，一樣具有值得討論的價值。那麼，讓我們先思考與討論下面幾個問題：

1. 請分享你所知道的新時代運動中的任何事物或是觀點。

2. 如果有人主張，「你之所以感冒（或是常常頭痛），是因為心理的某些問題造成的。」你相信嗎？如果你願意嘗試去相信，能否提出一個合理的解釋？

3. 寫下《賽斯資料》與《與神對話》的作者是否有可能是騙人的呢？如果是的話，為什麼他們要這麼做？如果不是，我們是否有較好的理由來相信他們？

一、身、心、靈合一

　　新時代思潮強調人是由身 (Body)、心 (Mind)、靈 (Spirit) 所組合而成。以笛卡兒的身心二元論來比較，身心靈觀點可以說是一種三元論 (Trialism) 的主張，差別在於把笛卡兒的心又區分成心與靈兩者，或說，又比笛卡兒多了一個靈的組成成分。

　　新時代思潮認為，「心」是受了物質世界的影響所產生出來的各種想法，而這些想法佔據了我們大部分的心思，就像雲霧圍繞一般，使我們看不到本心，而這也是一切苦的來源。當我們有一天可以透過「靈修」或是某種機緣巧合，觀察到本心的時候，也就是當意識之心，與藏在潛意識的靈，合而為一的時候，我們就可以發現原來所有的痛苦都是虛幻的產物，而本心是帶著全然的喜悅的。

　　新時代思潮也認為，身心靈三者實際上是合而為一的。那麼，什麼叫做合而為一呢？一種比較簡單的說法是，三者是會互相影響的，像是一個整體具有三個部分，但其本身就是一個整體。這個說法比較沒有什麼爭議，所以，我們相信，心理的層面會影響生理的層面，反之亦然。而屬於潛意識的「靈」的層面（「潛意識」是個很受爭議的詞彙，對此比較沒有爭議的定義是：平時不會注意到的內心想法；而比較有爭議的地方在於，這個部分可否算是一個可以獨立運作的整體），自然也會影響到心理與生理。

　　然而，在屬於新時代思潮主軸之一的「賽斯資料」有著不同的形上學主張。身心靈的合一實際上是合在「靈」裡面，因為「身」或甚至所有我們所遇到的物質世界，都由「靈」所創造出來，而靈與物質世界的互動又產生出「心」。這個部分的想法跟佛教的觀點十分類似，尤其是主張有本心（阿賴耶識，Alaya-Consciousness）存在，而且一切都來自於本心的唯識學。

　　從這觀點來看，我們便會有一個疑問，「為什麼我們的靈會創造出讓我們的心感覺到痛苦的事物或是困境呢？」答案是，「因為我們需要，想要體驗這些經驗，或是必須從中學習一些重要的東西。」

　　可是，這個答案表面上很難說服人，因為，實際上，我們並不想要，不是嗎？至少我們可以清楚感覺到，自己明明就很不歡迎生命中遇見的許多麻煩與困擾。

　　這裡的問題在於，想要這些東西的是「靈」，而不是「心」，所

以，我們心裡覺得不想要遇到挫折，但靈卻有不同的想法，而且由於我們意識不到靈的意志，所以誤以為自己根本就不想要這些東西。

那麼，要如何確認這樣的說法是正確的呢？有兩個方法，第一，憑著我們自己的經驗。當我們遇到困難時，第一個念頭通常都是很排斥，但如果我們不要逃避它們，努力面對，最後獲得勝利時，我們常常會很感謝這些困難，它引導我們朝向某個我們原本不知道，但最後卻發現「這是我們想要的」結果。當我們經常有這種經驗時，便會對這樣的說法有著較為認同的感覺。

第二，當我們的「心」的意識層面能夠到達「靈」的層面時，就會看到這個作用，也就能夠確定的去肯定它。然而，當我們尚未形成這種「自我知識」時，也可以參考他人的經歷，如果有人宣稱自己達到這種心與靈的合一狀態，而且認同這個說法，再加上如果我們覺得這個人值得信賴，那麼，這也可以是一個好的相信的理由。然而，如果兩者都沒有的話，我們最多就只能把它當作是一個宗教來信仰了。

二、靈與疾病

當新時代思潮應用在身體健康方面時，就容易產生一個主張，「疾病也是由靈所創造，因為我們需要（經驗）它。」從這個角度來說，當我們生病時，也是應該以喜悅的心情去面對，從中獲取我

們所需要的經驗。

　　但在新時代觀點中，也有另一個說法，「身心靈在合一狀態是不會有疾病的，疾病來自於心的妄想。」也就是說，當「心」遠離了「靈」而處在某種迷途時，就容易產生疾病，所以，要得到健康，就必須讓心返回到屬於「靈」的地方。

　　然而，這些說法目前都很難確認其是否正確。因為，的確有些病人依據新時代觀點的主張實施自療的靈修，但並沒有痊癒。不過問題或許是「方法不對」或是「沒有真正返回本心」。而且，雖然有些人靈修之後，連被醫生認為的絕症都好了，產生了奇蹟。但即使如此，也難以證實其因果關聯真的就是由於靈修的關係。因為，也有許多沒有靈修的人也一樣有著類似的奇蹟經歷。這可能只是因為我們對各種疾病的認識還不夠充分而已。

　　所以，這種新時代健康觀目前仍難以判斷其對錯。但有一點是幾乎可以確定的，一個放鬆、無憂、自在，以及愉悅的心靈，的確在很多方面對健康是有幫助的。這已經獲得了科學與經驗上的支持。所以，這種讓身心靈放鬆的靈修基本上至少不會有什麼壞處，如果我們把這樣的自療方法作為整個醫療過程的輔助，那應該是會很有幫助的。但如果要將它當作是替代療法，取代原有的醫療，那就必須要好好考慮了。我們目前在理性層面，並沒有充分的證據可以支持「這樣做的確會更好」的主張。這是一個具有爭議性的話題，而且，理智上最受信賴的科學，目前並不是站在新時代這一邊。

三、轉世輪迴與惡的難題

依據新時代思潮，既然我們在人生中所遇見的一切，都來自靈魂的創作，那身心靈合一的人是否就不會死了？因為，既然心與靈合一了，就可以不要創造死亡，那就能永生了，不是嗎？但這世界上卻沒有不死之人，所以，這是不是就可以用來反駁新時代這種（靈創造一切的）說法了呢？

針對這個質疑，新時代思潮的較普遍說法是，人在這個靈所創造的世界上，就像是在作夢一般，即使身心靈完全合一的人可以避免死亡，也不會想這麼做。「永遠在這個世界上活下去」，是只有迷失的人才會有的念頭。

例如，如果我們在作夢的時候，很怕失去自己的生命，但是，有一天，突然發現原來我們只是在夢中，在這種情況下，就算我們可以選擇永遠待在夢中不要醒過來，也不會有人想這麼做的。而且，在那個時候，當然也不會對死亡（從夢中醒過來）感到有任何的恐懼。

這個想法自然是主張人在死後，靈魂可以繼續存在，而且，我們可能一直不斷的經歷這種生與死的過程，也就是佛教所謂的「輪迴」。這是新時代思潮與佛教觀點最為類似的地方。但是，佛教認為人生的本質是苦的，由苦而想要求解脫，離開輪迴的障礙，最後成

佛。這個觀點卻又跟新時代思潮差異很大。

新時代思潮基本上認為，人生的目的在於「經驗」。但在這個「經驗」的說法中卻有著不太相同的想法，有的認為經驗是為了學習某些東西，也有的認為經驗的目的就只是經驗，並不一定要學什麼。但基本上，新時代思潮都反對基督教「原罪」觀，認為人生在世的痛苦是因為我們犯罪而被處罰。

然而，佛教與基督教的想法較能解釋惡的難題，而新時代思潮在面對惡的難題時，其觀點是，「心被迷惑而產生出來的痛苦」或是「因為需要」。但是，「我們為什麼一定要透過這些痛苦的東西去學習？」或是「我們為什麼一定要去經歷這些討厭的東西呢？」在這些方面，新時代思潮也難以找到有說服力的說法。也就是說，在面對惡的難題方面，新時代思潮的力量顯得較為薄弱。

四、吸引力法則

在整個新時代思潮中，最廣為流傳並且受到人們注意的，應該就是所謂的「吸引力法則」——當我們的心處在某種狀態時，會吸引類似的宇宙能量到我們的周遭。例如，如果心一直想著好事，好事就會來臨。這個法則的最簡單說法也就是：「心想事成」。這應該是許多人的夢想。如果人們可以具備有心想事成的能力，這該有多好啊！然而，新時代思潮中卻帶來這樣的訊息：「人們早就有這種能

力了，只不過不知如何使用而已。」所以，當有人或書籍主張可以開發這種潛能時，總會有許多人去嘗試，希望能夠擁有這樣的能力。

　　然而，有用嗎？在某些方面其實真的很有用。姑且不論心是不是真的可以呼應所謂的宇宙能量。光是心的主動性本身，就可以改變許多事情。當我們想像自己活在幸福、快樂中的時候，我們自然而然會改變觀看世界一切事物的觀感，這個改變，自然就容易產生幸福快樂的感覺，而這樣的感覺本身會讓自己更放鬆、更容易接納別人，這會導致更好的人際關係，也有助於產生幸福與快樂的生活。而這就像是我們的心，吸引一股協助我們獲得幸福與快樂的能量一般。

　　然而，對於像是獲得意外之財這種願望，心想通常都不成。數十萬人買樂透期待獲得大獎，最後只會有極少數人得獎。許多難以實現的願望也是一樣。那麼，這表示這種吸引力法則只是一種虛構的想法嗎？還是說，真的有什麼秘訣是我們還不知道的呢？

　　要回答這些問題，我們可以先思考，為什麼人們會具有「心想事成」的能力呢？從上面談到的關於身心靈的觀點來說，實際上，我們真正具備的不是「心想事成」，而是「靈想事成」。因為新時代思潮認為，一切發生在我們身上的事物，都是由靈魂所創造的，而靈魂是位於潛意識的地方，它知道我們需要些什麼，因此創造我們的所有際遇。但是，當「心」的想法和「靈」的想法不同時，「心想」是無法成事的，因為，心並沒有創造力。因此，我們無法藉由

「心」的期待，去成就任何事物的發生。

但是，也不用因此而感到失望，在這種情況下，我們需要做的是進入「心」與「靈」合一的狀態，當心與靈合一時，心的想法就會是靈的想法，那麼，我們自然就具備有「心想事成」的能力了。

所以，對於相信整個新時代思潮的人來說，還是可以相信吸引力法則。只不過，心必須進入到與靈合一的狀態，才有辦法做到。而身心靈要如何真正達到合一的地步呢？不同的靈修導師可能有著不太一樣的方法，而這也是整個新時代思潮中最主要的部分之一。

五、靈修、冥想與神秘經驗

新時代思潮可以說是一種新的生命觀，強調身心靈合一，以及主張自己就是一切的主宰、甚至是神的一部分，也提供一種新的生活方式，強調靈修的生活。整個生活的重點在於回到真正的自我，也就是身心靈合一的狀態。那麼，要怎麼做到呢？

雖然不同的精神導師，有著不同的方式，但最基本的共同點在於「靜心」與「冥想」。「靜心」就是讓心整個靜下來。由於心受到各種人、事、物的干擾，因而產生了喜、怒、哀、樂等情緒，以及各種慾望，這些東西吸引了我們平時大多數的注意力，像雲霧一般遮蔽了我們的本心，讓心處於迷惑狀態。佛教觀點主張我們必須看「破」這些東西的虛假，但是新時代觀點主張，這些東西都是「靈」

為了某個目的所創造的，當我們細細去品味它們、經驗它們，目的達成之後，它們會自然煙消雲散。靜心的目的就是讓這些七情六慾自然沈澱下去，如同混濁的水會自然清澈一般。等到心清澈了，本我就能現形，而讓我們意識到它的存在，也就是心與靈合一的時候了。

然而，有時我們對某些情緒或是慾望過於執著，甚至某些價值觀與想法建構了一個可以把這些情與慾留住，甚至愈變愈大的作用，在這種情況下，光是只有靜心是不夠的。這種時候需要智慧去化解，或是透過冥想的引導，讓自己走出情慾的桎梏。而這些導引的方法，就因派別的不同而有所不同了。但主要都是透過某種想像，轉移心的狀態，例如，想像自己躺在無邊無際的草原中，可以獲得身心的放鬆；想像自己處在光與愛的包圍中，可以獲得安心的感受。透過不同的冥想，心可以被引導，走出某些思想與情緒造成的困境，甚至達到與靈合一的目的。

新時代思潮除了提供一個（雖然無法證實，卻也）合理的人生觀之外，它吸引人、以及讓人願意相信的主要因素之一，則是讓人在靈修的過程中，產生各種美好的神秘經驗。像是一個全然喜悅的本心、無憂無慮的自在感、甚至和宇宙合一的經歷，感覺自己是神的一部分，甚至自己就是神。而進入一個實際上不平凡、但卻感受到非常平凡的生命體驗。

把新時代思潮當作是一種生活觀，的確有很多的好處，至少能

夠擁有一種很積極、且和諧的人生狀態。但如果將之當作是一種對人、世界、以及生命描述的真相,那麼,我們實際上還沒有充分的理由可以下這樣的斷言。我們還需要有更多的理由,以及個人的親身體驗,才能做更好的判斷。

問題與討論

1. 是否有人、或有認識的人有靈修的經驗？請提出分享與討論。

2. 如果新時代思潮實際上是錯的，但相信它所產生的生命態度，卻能讓我們擁有一個幸福的人生，那麼，我們是否還是應該要選擇相信呢？還是我們不應該相信，而需要繼續探求真理？

3. 在新時代思潮的應用上，有新時代繪畫、音樂，試思考，這些藝術作品將會呈現怎樣的風貌呢？

4. 俗語說：「人生不如意事，十之八九。」如果我們經歷的所有的一切，都真的是靈魂所創造的，那麼，試提供可能的想像解答，為什麼我們的靈魂這麼喜歡給我們自己找麻煩呢？

5. 是否有人讀過上面沒有討論到的關於新時代思潮的觀點？請提出分享與討論。

第十八課

哲學思考方法

　　每一個學科都有其解決問題的方法。數學用計算及證明的方式解決問題；生物學或醫學的主要方法是在實驗室獲取實驗證據，來證明其假設；而研究社會現象的主要方法或許是問卷統計。那麼，哲學的主要方法是什麼？簡單的說，哲學解決問題的方法就是哲學思考，而哲學思考的基本方法就是邏輯推理與論證分析。

　　當我們要學習（讀懂）一個數學證明，通常不會太難，但是，自己去思考如何證明就比較困難。大多數其他學科也是。創造一個有效的實驗或問卷，總比重複已有的實驗或問卷來得更難。在哲學方面，通常自己建構一個論證也比瞭解別人的論證來得困難。但是，有些已有的論證可能涉及到一個大問題，整個論證就是整本書，而且其目的可能在推翻一些我們習以為常的知識或習慣性的思考模式，這樣的哲學論證不僅難以創造，連瞭解都非常的困難。

　　例如，二十世紀哲學家海德格 (Martin Heidegger, 1889–1976) 的形上學揚棄了我們習以為常的世界觀，徹底將獨立的客觀世界轉化為與主觀世界相通的另一種世界觀，在這樣的世界觀中，我們可以用很不一樣的方式來看這世界的一切現象，所以，許多的辭彙都有

了新的意義，如果我們沒有能力跳脫出原本的世界觀，我們就不可能去瞭解一個新的世界觀。在這情況下，我們不可能瞭解海德格在說什麼。跳脫原本習慣的思考方式的哲學式思考比一般的思考方式更加艱難。

然而，哲學思考最主要的地方不在於瞭解一個哲學理論，而在於建構一個哲學論證，來支持某個理論或看法。例如，我主張人有善的本心，那麼，我必須建構一個論證來支持這個看法。可能的方法有下列幾種：

第一種方法是借用已有的論證。例如，如果我認為孟子的論證很好，我必須瞭解他的論證，然後直接搬出該論證。但是，如果我認為孟子的論證雖然不錯，但仍有不足的地方，而且如果我可以找到其他哲學論證或甚至科學理論來補充這個不足之處，那還是可以改良成一個更好的論證。

如果找不到可以補充的理論，那麼，我們也可以自己思考出理由，來補充其不足的地方，這是第二種方法。而另一種情況是，目前根本沒有好的論證來支持，那麼，我們就只好自己建構一個論證來支持主張了。

對哲學以及科學理論瞭解得多，就具備有更多的武器可以使用，如果加上一個已訓練出的靈活且能夠很快思考論證的頭腦，那思考問題的能力就更強了。尤其如果養成時時思考的習慣，長期累積的思考經驗，將能夠在平時發現新問題時，旁徵博引而迅速的理解問

題，並且建構新的論證。

但是，思考的陷阱與錯誤的論證有時不容易發現，如果我們一直關在象牙塔裡思索，或許有些思考上的錯誤一直都無法發現，這樣的思考經驗所造就的並不見得是一個哲學頭腦，而很可能是愈想愈覺得自己是對的，而逐漸造成一個頑固的大腦。

在哲學思考的訓練中，必須不斷的發現自己思考上的問題，哲學老師的最主要功能並不在於傳授哲學知識，而更在於指出學生推理與論證的問題所在，經由不斷的被指出問題，而能夠不斷的設法避開問題，在這樣的思考經驗中，一個人才能夠逐漸邁向哲學家之路。

所以，學習哲學其實必須不斷發現自己思考上的盲點，這樣的過程其實沒有停止的一天，即使拿到博士學位，即使成為一代大哲，思考還是有可能產生盲點而需要有能夠看出這個盲點的人來指正。每個人的思考盲點有時並不相同，所以，時時可以互相指正，而使彼此的思考能力更進一步。這也是為什麼一個活的哲學家（亦即有不斷在創新思路與發現新觀點的哲學思考者）必須時時思考問題、發表論文、參加學術討論會，然後接受別人的批評。藉由這樣的互動過程，來不斷增進思考能力，再藉由更強大的思考能力，深入思考其他哲學問題。在這個進步的過程中，可被發現的思考盲點將會愈來愈少，在這時候，當有人真正幫我們找出另一個思考問題時，我們自然而然會用一個感激的心來面對這個批評。所以，基本上，

學習哲學的過程除了吸收哲學知識之外，可以說是一種不斷發現自己的思考問題而改進思考能力的過程。那麼，在繼續介紹之前，我們先思考討論幾個問題：

1. 為什麼思考能力再強的人總會有思考上的盲點呢？
2. 宗教、哲學、以及科學的思考方法有何不同之處？
3. 如果未來沒有計畫要當哲學家，是否就不用學哲學思考了？

一、論證簡介

當我們具備不錯的思考能力之後，我們到底是如何建構一個哲學論證的呢？一個標準的哲學論證分為三個部分，第一是前提，通常前提由一個或是多個句子所組成，這些句子描述我們已經認為是對的想法或至少我們假設其是對的。第二部分是一個推理過程，經由這些前提，我們合理的推理出第三部分的結論。

一個典型的哲學論證會包含這幾個部分。但是，有時有些論證沒有提到任何前提，或是只有一個簡略的推論過程，也有時候其結論並不是很明確。這時，我們就必須自己把這些遺漏的部分補足。在這裡，我們先用典型的哲學論證來介紹哲學的思考方法。舉一個例子來說，知識論中有個著名的論證，稱之為錯誤論證 (The

Argument from Error)：

我曾經在很有自信的情況下認為自己的想法是對的，但是到頭來卻被證明為錯的。如今我又很有自信的認為自己的想法是對的，當我無法明確的指出這次和上次有什麼關鍵性的差別時，則我這次的想法也可能是錯的。

用標準論證結構可將此論證表達如下（讓我們用符號 P 與 Q 來代表兩個不同的想法）：

前提一：我曾經在很有自信的情況下，認為自己的想法 P 是對的。

前提二：P 是錯的。

前提三：我現在對想法 Q 很有信心。

前提四：除非在有自信的想法中，有關鍵性的不同，否則，如果一個想法是錯的，則另一個想法也可能是錯的。

前提五：P 和 Q 沒有關鍵性的不同。

推論過程：由前提一、二、三、四可推出，如果 P 和 Q 沒有關鍵性的不同，則 Q 有可能是錯的。再加上前提五，則可推出結論。

結論：Q 可能是錯的。

　　一個擅長哲學思考的人應當能夠深入分析這樣的論證，並且判斷其論證是否有效。但是，更重要的是，一個具有哲學思考能力的人必須具備有建構此類論證的能力，並用論證來支持自己的想法。一個好的論證通常具有相當程度的說服力，這些論證都足以讓我們對相關的哲學問題，或甚至相關的日常生活做深刻的反省。

　　鍛鍊這種思考能力的方法和學習如何證明一個數學定理類似，也類似於學習如何打球，或玩線上遊戲。除了必須先學習別人怎麼做之外，最重要的是自己多多練習，過程中，最好有人能夠隨時隨地指出自己論證的錯誤或不妥之處。雖然這是一個不愉快的過程，但卻是發現自己思考盲點的最快方法。依照這樣的方式，人們將能逐漸把握哲學思考的要領，進而成為一個具有深度思考能力的人。

二、真假值與命題

　　要檢視一個論證的好壞，需要有邏輯思考的訓練。邏輯學的目的是要找出正確思考的法則，如果我們可以找出一個固定的思考法則，將日常生活的一切事物以像數學般的計算方式「算」出正確的結論的話，那我們就可以輕易的避免錯誤的推理與混淆的思考了。這是邏輯學的目的之一，但是，人類思考太過複雜，至今我們仍舊無法造出一個完全能夠涵蓋人類思考的邏輯系統，甚至有理論顯示，這樣的邏輯系統很可能根本不存在。不過，我們雖然沒有辦法把所

有的思考型態以邏輯系統來把握，但是，我們卻可以用邏輯系統來協助與修正我們的思考以避免某些錯誤的發生。

　　我們再來看另外兩個邏輯術語：「真假值」(Truth Value) 與「命題」(Proposition)。在邏輯學中，我們只談論具有真假值的句子，所謂的有真假值的句子就是指那些我們可以用真或假來衡量的句子，我們可以用下列句子來說明：

1.地球是扁的。
　我們可以說這個句子為假。「假」就是該句子的真假值。

2.海水具有鹽分。
　這個句子為真，「真」是這個句子的真假值。

3.那個大壞人最好早點掉進糞坑。
　這個句子沒有真假值，我們不能用真或假來衡量它，所以，邏輯學無法處理這類句子。

4.我是下期樂透得主。
　這個句子要到下期樂透開獎才知真假，但畢竟它有真假值，我們還是可以用真或假來衡量它，所以，它還是有真假值，只是我們還無法知道其真假值而已。

　　有些邏輯系統的真假值只有兩個選擇，不是真就是假，我們稱這種邏輯系統為二值邏輯 (Two-Valued Logic)，但是，人類的思考有時不是非真即假這麼簡單，尤其針對那些我們還無法知道真假值的句子。例如，上面的例子四是可能為真的，我說不定真的是下期樂透得主。為了區別這種可能與不可能的句子，邏輯學家發展出其他邏輯系統來處理。這個部分屬於較為高階邏輯學的範圍，就不在這裡討論了。

　　另一個要介紹的專有名詞是「命題」。命題簡單的說其實就是「有真假值的句子所表達的想法」。人類的思想當然不只有命題而已，但是，命題就是產生是非對錯的地方，而邏輯就在我們判斷是非對錯的地方給予我們協助。所有的命題都可以由句子來表達。所以，邏輯也只適用來討論那些可以言說的知識。如果我們同意老子對道的主張，認為道無法被語言表達，那麼，我們不能說老子（關於道的）哲學不合邏輯，我們只能說老子關於道的哲學不在邏輯的討論範圍，它不是不合邏輯，而是與邏輯無關。在此再強調一下，這並非表示老子的想法很沒價值，而是表示當今已有的邏輯學能力有限，並非所有人類的想法都在邏輯學的涵蓋之下。

　　除了用是否有真假值來區別一個句子屬於命題或不屬於命題之外，命題和句子之間還有一個不同點：「句子屬於語言的形式，而命題代表的是想法。」這是什麼意思呢？舉例來說：

A1：純水在攝氏零度會結冰。

A2：純水在華氏三十二度會結冰。

A1 和 A2 是不同的句子，但是，它們表達完全相同的想法（或說，它們永遠有著相同的真假值，當一個為真時，另一個必然為真），那麼，我們可以說，A1 和 A2 是不同的句子，但是，它們是相同的命題。另一個例子是：

B1：我喜歡玩足球。

B2：I like to play soccer.

B1 和 B2 也是不同的句子，但是，它們表達完全相同的想法，那麼，我們也可以說，雖然 B1 和 B2 是不同的句子，但它們是相同的命題。所以，相同的句子也可能是不同的命題，例如，「今天會下雨。」在不同的日子裡，說這個相同的句子，其所表達的意義是不同的，也就是不同的命題。

三、論證分析

一個論證有三個部分，前提、推論過程與結論。我們評價論證的方式是「有效」(Valid) 與「無效」(Invalid)。一個「有效論證」

(valid argument) 的意思是說，整個論證的推理符合邏輯。它的特色是：「在一個有效論證中，如果前提全部為真，則結論必然為真。」換句話說，有效論證只保證推論過程沒有問題，但卻不能保證結論必為真，因為，如果前提有問題，則經由有效的推論過程仍然可能推理出錯誤的結論。例如：

前提一：只有攝氏零度以下時才會下雪。

前提二：現在正在下雪。

推論過程：由前提一可以知道，如果現在在下雪則現在一定在攝氏零度以下，所以，由此推理結果加上前提二，我們可以得出結論。

結論：現在溫度是攝氏零度以下。

假設現在大崙山上正在大雪紛飛，但氣溫卻是攝氏二度，並非在零度以下。那麼，這個推理就推出了一個錯誤的結論。但是，其推論過程並沒有錯，是很合邏輯的。根據對「有效論證」的定義，只要推論過程沒問題（合乎邏輯）就叫做有效論證。只不過論證中的第一個前提錯了，所以造成了錯誤的結論。事實上，攝氏五度以下應該就有下雪的機會了。

所以，如果我們要確保結論無誤，除了要證明推論過程有效之外，還最好要有充分的理由讓我們相信所有的前提都是對的。人們

對一個論證的爭論焦點有時不在於其推論過程而在於其前提。如果我們發現溝通想法的雙方對前提沒有共識，那麼，我們就得把該前提找出來，然後把這個有爭議的前提當作是另一個論證的結論，而通常由主張這個前提為真的人提出論證，然後大家再來檢視這個論證。例如，王牧師和張真人在聊天，王牧師說：「因為上帝存在，所以，所有主張無神論 (Atheism) 的理論都是錯的，而道家基本上是一種無神論，所以，道家是錯的。」我們可以將這論證整理如下：

前提一：上帝存在。

前提二：如果上帝存在，則無神論是錯的。

前提三：道家是無神論。

結論：道家是錯的。

這個論證的推論過程可以省略不談，因為推論過程很簡單，而且顯然沒有問題，是個有效論證。前提二也應該沒問題，因為上帝就是神，如果上帝存在，那麼神當然就存在，既然神存在，主張神不存在的無神論也就毫無疑問的是錯的。前提三或許有點爭議，但是，許多道家學者也認為道家本質上是一種崇尚自然的無神論，然而，即使張真人真的同意前提三，他還是可以不同意王牧師的結論，因為，他可以不接受前提一。只要有一個前提是錯的，即使論證有效，結論還是有可能是錯的。

在這樣的情況下，為了要說服張真人，王牧師就不能將前提一當作是一個無異議的前提，而必須建構另一個論證來證明前提一是對的。

這情況是發生在兩人的溝通上，如果，王牧師的討論對象是劉牧師，而劉牧師也同意上面所有前提為真，在這樣的情況下，只要該論證有效，則劉牧師就必須（至少在理智上）接受王牧師的結論。

然而，如果這個時代的大多數人都相信前提一：「上帝存在」，那麼，當張真人不同意這個前提時，通常就需要由張真人提出合理的懷疑理由，為什麼他認為上帝不存在，或為什麼他認為上帝的存在值得懷疑。然後，大家便可針對他提出的理由來討論。

到底誰需要提出論證來支持一個命題的對錯有時是很混淆的，這稱為「舉證責任」(The Burden of Proof) 的問題。當 A 說：「神存在，不然你證明我是錯的。」而 B 卻說：「神不存在，不然你證明給我看。」這樣的爭議如何解決呢？誰有責任要舉證？通常主張存在的人需要舉證，但是，如果我主張：「因果律不存在，不然你證明給我看。」這個舉證責任的歸屬就會比較麻煩。針對大家都相信的事情來說，通常懷疑者至少需要先提出懷疑的理由。

四、有效與無效的分辨

證明推論過程是否有效的最主要方法，是依邏輯規則由前提導

出結論，因而證明論證有效。但是，要如何正確的使用邏輯規則來推理呢？這個部分所佔的篇幅太大，這裡僅針對一個簡單的邏輯推理規則來說。

以一個稱為 MT（否定後項則否定前項）的邏輯規則來說，這個推理形式是：

前提一：P→Q
前提二：–Q
結論：–P

此處，英文字母代表一個命題，「→」代表「如果……，則……」，而「–」代表「非」。只要推理的結構符合這個形式，就是有效推理。

這個論證是有效論證，這意思是說，無論我們把什麼命題代入 P 和 Q 中，只要前提全部為真，則結論必為真。例如，在金庸小說《神鵰俠侶》，楊過與小龍女的十六年絕情谷之約當天，令 P = 楊過等到小龍女。Q = 楊過很高興。那麼，

前提一：P→Q　（如果楊過等到小龍女，則楊過很高興。）
前提二：–Q　　（楊過沒有很高興。）
結論：–P　　　（楊過沒有等到小龍女。）

　　諸如此類的例子，只要前提都為真，那麼，一個有效論證可以保證結論必然為真。無論代入任何句子都不會有例外。當然，如果前提不為真，就不一定能產生正確的結論。

　　如果我們熟悉了各種邏輯規則，便能很快的以抽象思考能力看見一個推理是否符合邏輯，也就同時容易判斷一個想法的問題所在。

　　既然一個有效論證保證由正確的前提，一定可以推理出正確的結論。所以，反過來說，只要我們能夠找到一個可能性，指出當所有前提全部為真，但結論卻是假的時候，則我們確信此論證無效。論證無效的意思也就是該推理過程有問題。這種使一個論證無效的例子就叫做反例，而尋找反例的能力也是哲學思考能力重要的一環。以另一個推理形式來說：

　　前提一：P→Q
　　前提二：−P
　　結論：−Q

　　假設 P＝楊過學會六脈神劍。Q＝楊過可以打敗金輪法王。所以，論證如下：

　　前提一：P→Q　　（如果楊過學會六脈神劍，則楊過可以打敗
　　　　　　　　　　　金輪法王。）

前提二：–P　　　（楊過沒有學會六脈神劍。）

結論：–Q　　　　（楊過無法打敗金輪法王。）

在這個論證中，由於我們知道楊過的確能夠打敗金輪法王（結論為假），但前提卻全部為真。所以，從這個角度來看，我們可以說，這個論證形式有可能導致前提全部為真而結論為假的情況，那麼，這個論證形式就是無效論證。只要有任何論證是以這種形式來推理，這個論證就是不值得信賴的無效論證。

五、謬誤辨識

在哲學思考中，或是日常生活的思考，有時並不容易以邏輯形式來表達，這時，我們需要以不同的方式來尋找不當的推理。尤其針對許多人們很容易犯下的錯誤推理類型（稱為「謬誤」），為了方便辨識，我們給它們一個名稱。例如：「以偏概全」的謬誤。

對於不熟悉的事物，當我們剛開始接觸的時候，都容易從最初的印象來掌握它們，而這樣的推理習慣就很容易產生「以偏概全」。例如，第一次認識土耳其人時，發現這位土耳其人很熱心助人，因此，我們就會以為「所有的土耳其人都很熱心助人」。多數人都有這種推理習慣，因此，我們就需要特別當心。

當我們給謬誤一個名稱時，只要能夠記住它的特徵，就方便我

們在推理時、或聽別人推理時，發現它的存在。其他幾個最常見的謬誤型態如下：

輕率因果連結	輕率的想出一個因，去解釋某個果。
批評稻草人	藉由誤解去批評。
非黑即白	推理依據不當二分。
不相干	用幾乎（在理性上）完全無關的理由去推出結論。
訴諸無知	從不知道、沒看到、無法證明等等理由推出有或沒有的結論。
妄下結論	下結論時沒有任何理由或理由明顯不足。
歧義	在同一個推理中存在有某個詞，其有兩個（以上）不同的意義被使用。
不當類比	使用類比作推理，而且此一類比是不當的。

六、思考障礙

　　人們思考能力的問題除了邏輯推理能力不足，以及偵測謬誤的敏感度不夠之外，還有一些因素是習慣與態度所造成的。

　　「輕率推理」就是最常見的因素。我們常常有個大略的感覺，覺得差不多合理了，就認為推出正確的結論了。只要養成稍微嚴謹的習慣，就可以獲得很大的改善。

　　另一個很重要的因素是個人情緒的障礙。尤其當有個人立場的時候，推理往往是被自己想要的結論帶著跑，而不是在做理性上的思考。這是一個很難跳脫的習慣，甚至可以算是人天生的一個推理弱點。但通常邏輯思考能力進步的時候，只要自己願意，情緒的引導作用就會降低。

　　要克服這些障礙，還有個哲學上很重要的思考習慣可以使用，就是「懷疑精神」，有時也稱之為「批判性思考精神」。尤其需要時常懷疑自己的想法與結論，養成了習慣，就不容易發生錯誤。

問 題 與 討 論

1.如果學好哲學思考能力，對人會有什麼好處呢？

2.是否知道其他前面沒有提到的謬誤名稱？請提出來分享與討論。

3.是否知道其他前面沒有提到過的邏輯規則?請提出來分享與討論。

4.以下論證是有效論證？還是無效論證？

　前提一：如果世界末日要來了，則會有很多天災人禍出現。

　前提二：近來很多天災人禍出現。

　結論：所以，世界末日要來了。

5.以下論證是有效論證？還是無效論證？

　前提一：如果這家店裡很多蒼蠅，則這家店不衛生。

　前提二：這家店實際上很衛生。

　結論：所以，這家店不會有很多蒼蠅。

知識 ‧ 邏輯 ‧ 科學哲學

林正弘 著

本書收集林正弘教授有關知識論、邏輯及科學哲學的四篇論文。透過此四篇專文，我們得以一窺林教授所熱切關注之問題，以及其在學術上之成就，來緬懷林教授的學者風範。

異時空裡的知識追逐——科學史與科學哲學論文集

傅大為 著

本書蒐羅其具有洞見與啟發的研究，編輯成冊；如今，社會典範已不再單一，多元異質的典範相互輝映，使科學史、科學哲學，以及 STS 的研究多了種種前所未見可能性。在這樣「異時空」的背景下，這本擴大再版的論文集更為新興的研究動向，提供了沉穩而基進的新視野。

基本倫理學

林火旺 著

倫理學為道德倫理進行深刻的哲學分析反省，而本書《基本倫理學》為這些複雜的哲學討論提供了最佳的認識途徑。本書不只介紹了西方兩千多年來主要的倫理思想，也藉由臺灣的社會實例，具體呈現倫理學的哲學討論。

知識論

彭孟堯 著

本書除了介紹西方傳統的知識論之外，著重在解說當代英美哲學界在知識論領域的研究成果與發展，並引進認知科學以及科學哲學的相關研究成果，以輔助並擴充對於知識論各項議題的掌握。

形上學要義

彭孟堯 著

哲學是人文的基礎，形上學是哲學的根基。本書介紹在英美哲學思潮下發展的形上學，解說形上學最根本的四大概念：等同、存在、性質、本質。在介紹的過程中同時也探討了「個物」以及「自然類」等概念。另外，基於形上學必定要探討這個世界的結構，尤其是這個世界的因果結構，本書特別對於因果關係進行一些說明。